# たすく
# 自閉スペクトラム症の子と家族の物語

郡司竜平

東洋館出版社

# はじめに

はじめまして。

郡司竜平（ぐんじりゅうへい）と申します。

本書の主役は30歳を迎える青年「たすく」です。

彼は知的障害を伴う自閉スペクトラム症（以下、本書では自閉症と表記します）です。

本書は、小学校の教師としてスタートしたばかりの私と、そこに入学してきた小1の彼と出会ってからこれまで20数年にあった出来事を中心にまとめたものです。ご家族からのお話をもとに、それぞれの視点からエピソードとして綴っています。

教師の私、たすく、医師である父、日々一番接してきた母、双子の妹ゆうみ、その時々の出来事に合わせ、それぞれの思いや葛藤をそのまま記しました。

たすくと同じ教室で一緒に過ごしたのはわずか3年間でしたが、そこからご家族とは互いの近況を定期的に報告するお付き合いをしてきました。小1で出会ってから、本人とはもちろん、ご家族の楽しい出来事もつらい出来事も共有してきました。そんな彼とご家族と私のちょっと変わったお付き合いも気づけば長くなっていました。

30歳を迎えるたすくの幸せそうな笑顔を見たときに、ふと気づいたのです。

今、学齢期の日々の生活がうまくいかずに苦しんでいる子やご家族にとって、少し先の未来の姿を知ることが、焦らず目の前の出来事に対応するきっかけになるのではないかと思ったのです。

決してたすくと家族の取り組みがすべての子とご家族の手本になるわけではありません。世の家族の数だけ物語は存在します。どれも大切な物語です。そしてこれは、その中の一つではありますが、たすくとその家族が紡いだ唯一無二の物語なのです。

この物語のほんの一部だけでも知っていただくことで、新たな気づきがあったり、心がほんのちょっとでも軽くなったり、明日からの生活がポジティブになったりする子やご家族がいてくれるのではないかと私は信じています。

教師として接していた私が今でも気にかけていることが2つあります。1つは彼のピースサイン。「はい、チーズ！」と声をかけられカメラを向けられるといつも同じ姿勢、同じ笑顔、同じピースサインで彼は写ります。どんなときも変わることはありません。

もう1つは、別れ際のあいさつ。彼は私と別れるときには決まって「ぐんじ先生、さようなら、またね～、ばいばーい」と元気よく伝えてくれます。

どちらも彼が小1のときに、私が教育という名のもとに指導したものです。彼がクラスメイトと1枚の写真に笑顔で収まったり、他者と適切なコミュニケーションを取ったりすることは、彼のこれからの生活を必ず豊かにするものであるとご両親と話し合った結果、繰り返し指導してきたものなのです。それは、今の彼にとって他者との円滑なコミュニケーションの手段の一つになっています。

ではなぜ今も気にかけているのでしょうか。

それは、彼が小1のときに教えたまま、寸分違わないポーズやイントネーションで今なお再現しているからです。そこに教育、指導という名で行われる行為の責任の重さを感じるからなのです。

学齢期に関わる多くの教師や支援者は、彼らの人生のほんの一瞬にしか関わることができません。その短い期間の中で関わる教師や支援者の多くは、彼らの人生にとって、将来にとって、良かれと朧げに思い描きながら指導や支援を行っています。

しかし、その指導や支援の多くを実際に10年後、15年後まで見届けることはほとんどありません。現在の学校システムではこれがデフォルトなのです。したがって10年後、15年後の具体的な姿を知ることができれば、そこに思いを馳せることで、今、目の前の指導や支援が持つ重要性、そして責任の重さが意識されるのではないでしょうか。それにはまず10年後、15年後の具体的な姿を実際に知ることが必要なのだと思います。

これは、教師や支援者にかぎったことではありません。今、子育て真っ最中でなかなか先を見通すことができず苦しんでおられるご家族にとっても、将来の具体的な姿を知ることは必ずプラスになるのだと私は信じています。

私が関わり続けてきたこの家族の物語を綴ることによって、ほんの少しでも明るい未来を届けられる人たちがいるのではないだろうかと思っています。

この国のどこかで、目の前の子と向き合い続けている先生や支援者の方々。わが子のことを少しでも知り、ともに豊かに生きていきたいと願うご家族の方々、皆さんが向かう先に、ほんの少しの光を届けることができたのなら、私にとってこれにまさる幸せはありません。

郡司竜平

# 目次

第2章

## 学童期 45



第3章

## 青年期 81

# プロローグ

この本の中心人物である「たすく」は知的障害を伴う自閉スペクトラム症で、30歳になる頃、社会福祉法人「かたるべの森」で働いています。

私は、たすくが小学校に入学したときから、教師として彼の成長を見守り続けてきました。時が経つのは早いもので、ご家族とも20年来のお付き合いになります。教師であれば関係性を築けるのは学齢期のみの場合が多いですが、ありがたいことにたすくの生涯に伴走させていただいています。

たすくには、双子の妹がいます。
名前は「ゆうみ」です。

数年前に、特別な日が訪れました。ゆうみの結婚式です。
私はこの晴れの舞台に招いていただきました。たすくにとって、この結婚式という大きなイベントがどのように感じられるのか、少しの不安と大きな期待を胸に、私は彼の姿を見守っていました。

教会の扉が開き、ゆうみが父親に手を引かれてゆっくりと歩みを進めます。その美しい姿を、兄のたすくは特に動揺することもなく見つめていました。
心配していたのは私たちだけだったのかもしれません。彼が不安を感じたり、何かしらのパニックに陥ったりするのではないかと……。

お母さんからは、「独り言が多い子なので、シーンとなっているときにアニメのセリフを喋り出すんじゃないかという心配はあった」と聞きました。しかし、たすくは驚くほど自然体で、周囲の緊張感に影響されることもなく、妹の晴れ姿を見守っていました。

ゆうみから聞いた話では、たすくには、いわゆる「第六感」とでも言うべきものが備わっていて、ゆうみの結婚相手とはじめて会ったときに「この人は受け入れても大丈夫」と判断していたようでした。新しく増える家族に対して、すでに「大好き」というような打ち解け方であったそうです。

結婚式も順調に進み、いよいよ誓約書へのサインの場面がやってきました。
ここで調印をするのは他でもない、たすくです。
今回の結婚式において、この瞬間は、ご家族やたすくにとって特別な意味を持ちます。

そして、教師であった私にとっても象徴的なシーンとなりました。

誰が調印するのかを、ゆうみはほとんど迷うことなく、「たすくに頼もう」と決めたそうです。それは本当に不思議なほど自然なことでした。

私自身は、たすくがその瞬間にどのように対応するのか、固唾を呑んで見守っていました。

ですが、この日彼が見せたのは、驚くべき成長の証でした。

たすくは次に自分の名前を書く順番が来るのを静かに待っていました。

そして彼はゆっくり誓約書に向かって歩みを進めました。

私は彼の背中を見つめながら、これまでの彼との歩みが一気に蘇ってきました。たすくが書いたそのサインは、ただの文字ではなく、彼がこれまでに積み重ねてきた努力と、彼を支えてきた家族の愛と努力の結晶だったのです。

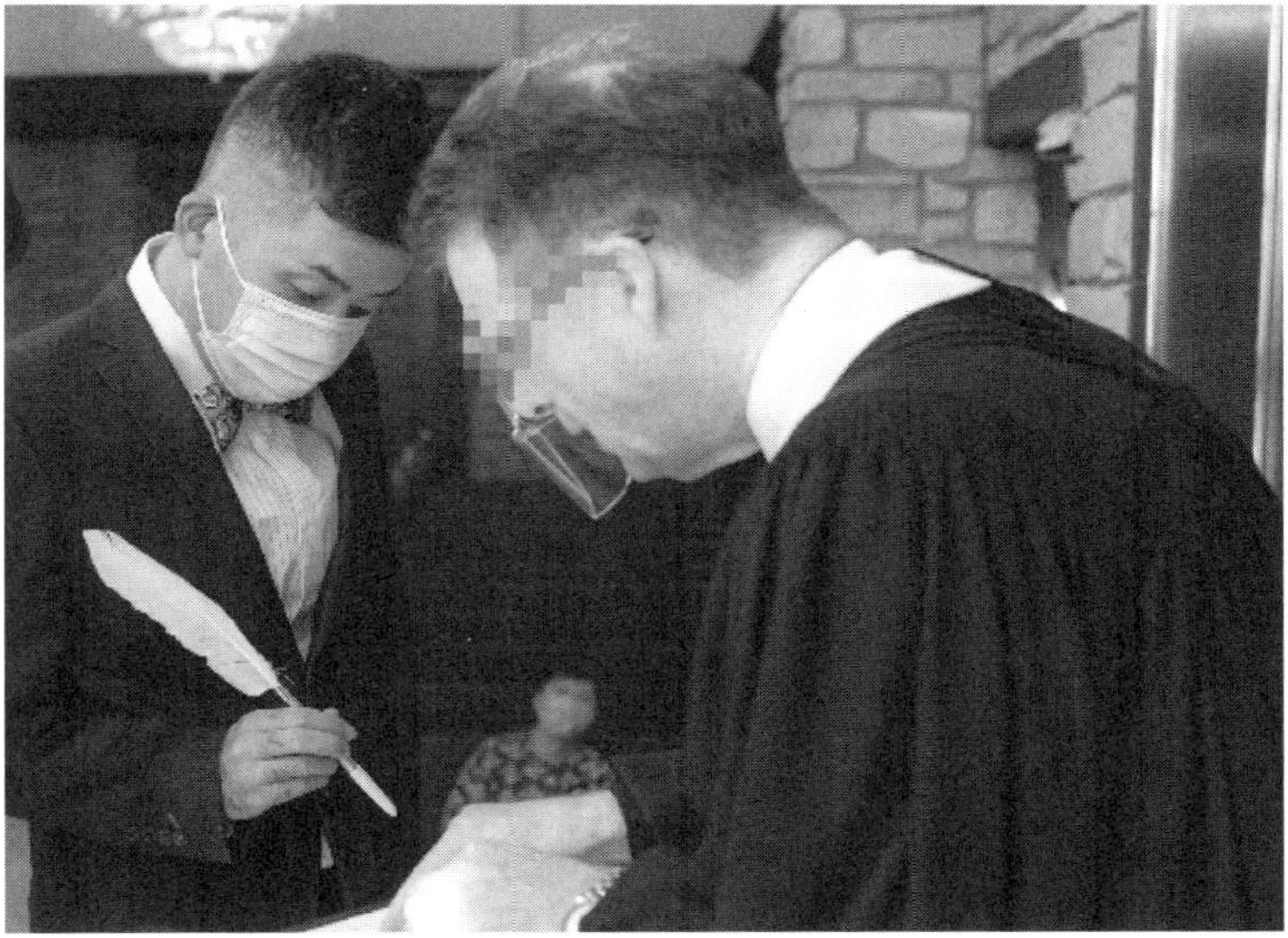

そんな思いとは別に、書き終えたたすくは、何事もなかったかのようにひょうひょうとその場を離れ、再び家族の元へと戻りました。

それを見た私は、彼の成長を改めて実感し、胸がいっぱいになりました。そして、教育者としてその瞬間の重要性を改めて実感しました。

たすくが誓約書に自分の名前を記入する姿を見て、私は彼がこれまでに歩んできた道のりと、特別支援教育における私たち教師の役割を強く感じたのでした。

今、冷静に思い返すと、たすくが名

前をサインすることができたのは、ゆうみの夫の妹さんが先に名前を記入したのを目にしたことが、彼にとっての大きな助けとなったのだと思います。見本が一つでもあると、たすくはある程度のことができるからです。

一人の教育者として、今回の出来事は非常に意義深いものでした。特別支援教育の中で、親御さんたちから「子どもに自分の名前を鉛筆で書けるようにしてほしい」という希望を何度も聞いてきました。将来、例えば給料をもらうときや公的な書類を作成するときに、署名を行う場面で必要なスキルだからです。このような具体的な状況で名前を丁寧に正しく書けるようになることは、彼らの自立に直結する重要なスキルです。

（いわゆる）一般の人々にとって、下線に沿って自分の名前を書くことは当たり前のように思われるかもしれません。しかし、特別支援教育の現場では、それを実現するために時としてとても長い長い指導の過程が必要なのです。

結婚式という特別な場面でたすくが名前をサインできたことに、私は心の底から感動しました。彼の成長を目の当たりにできたことをずっと忘れることはありません。

そして何より、ご家族の長い長い支援と、彼の努力の証に、私は深い敬意を感じました。この出来事は、彼のこれからの人生においても、そして彼を支えてきたご家族にとっても、大切な意味を持つことと思います。

ここからは後日談になります。

お母さんによれば、たすくは人生で何か特別な出来事が起こると、それを今まで見てきたアニメーションの世界と重ね合わせて理解しようとすることがよくあるそうです。今回の結婚式でも、たすくは「ドラえもん」の中で描かれたのび太くんとしずかちゃんの結婚式をどこかイメージしていたようでした。複雑な感情や状況を完全には理解していなくても、「家族にとって楽しいことがある」ということは、たすくなりに感じ取っていたようです。

お母さんは、その日のたすくの姿を見て、「大人になったな」と実感したそうです。「今回のような晴れ舞台で、たすくが結婚式にちゃんと出席でき、相手のご家族に『この人は大変だ』と思われないように育てることが、ある意味で人生の最大目標だったんです」と、お母さんは語ります。

お母さんは、たすくを『立派な自閉症者』にしたいと思っていました。

もちろん、子育ての最終目標はそれだけではありませんが、娘であるゆうみを送り出すその瞬間に、たすくがその場面にふさわしい行動を取れるようになったことは、お母さんにとっても非常に大きな達成感をもたらしたのです。
「あの瞬間は、まさに親としてのある意味でクライマックス感があった」と、お母さんはしみじみと語りました。

この結婚式でのたすくの姿は、彼がどれだけ成長したかを象徴するものであり、家族にとっても、たすく自身にとっても、これからの人生に対する大きな希望を感じさせる瞬間だったのです。

# 第1章

# 幼児期

## 親の願い「愛される自閉症者」

ここからは、私と出会う前のたすくの幼児期の話になります。これまで何度も耳にしてきたことではありますが、改めてお母さんにインタビューを行い、その言葉を記していきます。

本章に入る前に、少しだけお母さんの「親としての願い」について触れておきます。

お母さんは、たすくが幼い頃から、特に「食事のマナー」を大切にされてきました。これは、お母さんが各所で育児の相談をする中で、「食事のマナーが大事だ」という話をよく聞かされてきたからです。

家の中や学校で生活する分には、多少のマナー違反は大きな問題にならないかもしれませんが、たすくが社会的な場面に出るチャンスがいつ訪れるかわからない。だからこそ、食事のマナーをきちんと身につけることが重要だと感じていたそうです。

手掴みで食べたり、こぼしたものをそのまま口に運んだりすることは、家庭内ではそれほど大した問題ではありません。ですので、お食事会などの場面で、とにかく手掴みをしないということを目標にされていたそうです。

学校の教師は、「みんながやっている一般的な食べ方」というイメージで食事のマナーを教えることがありますが、それには深い目的意識がないことも多いのかもしれません。典型的な発達の子どもができていることを、そのまま特別な支援を要する子どもたちにも適用しようとしているようにも見えなくはありません。

お母さんと同じように、実生活での問題意識を持つことが何よりも大切です。例えば食事会に出席したとき、たすくが箸でご飯を食べることで相手が安心して過ごせる、そんな場面が実際に訪れる可能性があるかもしれないということです。

学校教育では、その個人の能力や学力を上げることがまず言われますが、人としての振る舞いの方がずっと大切になってくるのかもしれません。

お母さんがずっと大事にしてきた言葉があります。それは、『愛される自閉症者』です。例えば、たすくが施設に入ったときに色々助けてもらうことがあるかもしれません。そのときに、たすくがたくさんの方から「愛されてほしい」と昔から強く考えていました。

お母さんは、たすくに花の名前をしょっちゅう教えています。道端を散歩していても、「この花は～」とよく教えているそうです。「花の名前が言える自閉症者って、なんだかちょっといい感じじゃないですか」と言います。「例えば女性のスタッフさんと話してて、『このお花は○○って言うんだよ』と言ったら、ちょっとほっこりしたりしますよね」と笑ってお話しいただきました。そして、学校でもそういった知識を教えてほしいと希望していました。


他にもこんなエピソードを聞かせていただきました。

たすくは感覚の偏りがあって、暑い、寒いといった感覚をうまく捉えることができませんでした。

そのため、お母さんは学校の先生方と協力して、たすくが天気や気温に応じた服装や行動を自分でコントロールできるように支援していきました。

その結果、たすくは朝起きると「今日は天気が悪いね」と天気についてコメントするようになりました。今では、iPhoneのSiriに向かって「明日の天気は?」と尋ね、その情報をもとに翌日の服装を選ぶようになったのです。学校のカリキュラムにはない、でも、生活には大切なことがあります。

## 双子の出産と育児

お母さんは、たすくと妹のゆうみを妊娠・出産するまでのことを振り返りながら、さまざまな思い出を語ってくれました。

お母さんは21歳でお父さんと結婚されました。お父さんは医師で、当時は国内留学で東京の大学に2年間通っていたため、すぐに子どものことを考える余裕はありませんでした。お父さんが30歳になった頃、2人は家族を増やすことを考え始めました。しかし、2年ほど経ってもなかなか子どもを授かることができず、少しずつ不安が募っていきました。

そこで、医師の勧めもあり、お母さんは検査を受けることにしました。検査の結果、卵管が詰まっている可能性があることがわかり、通水検査を受けることになりました。この検査を受けたことで卵管の通りがよくなり、その後、排卵誘発剤を用いて妊娠が確認されました。医師も、通水検査がよい結果をもたらしたのではないかと話していたそうです。妊娠が確認された際、お母さんは双子を妊娠していることを知らされました。不妊治療を受けていたことで、双子の可能性があると事前に言われていたものの、驚きと同時に冗談半分で、「いっぺんに2人産めたら楽だね」と言っていたそうです。こういった妊娠から出産までの一つひとつの出来事が、お母さんにとってかけがえのない思い出として心に刻まれているようです。

出産を終え、新しい命に名前がつけられます。「たすく」という名前に込めた意味についても語ってくれました。「たすく」という名前には「人を助ける」という思いが込められているとのこと。生まれた直後は、たすくがその名前にふさわしく、人々を助ける存在になることを大いに期待していたそうです。

たすくとゆうみの幼い頃の生活は、お母さんにとって非常に大変なものでした。お母さんは「双子の育児は大変だったが、当時は夢中すぎてあまりその大変さを実感することすらできなかった」と振り返ります。祖父母は遠くに住んでいたため、親の助けを借りることもできず、夫も仕事で非常に忙しく、ほとんど家にいない状況が続いていました。お母さんは、ほぼワンオペで育児をこなしていたのです。

その中でたすくの発達に違和感を覚え、何かが遅れているのではないかと感じ始めるようになりましたが、とにかく日々の忙しさに追われていたと、当時のことを思い出されていました。

## 自閉症への理解と家族の苦悩

たすくが自閉症であることがはっきりとわかったのは、実はかなり後になってからのことでした。お母さんは、たすくが幼い頃から、妹のゆうみと比べると明らかな違いがあることに気づいていました。しかし、「男の子と女の子は成長のスピードが違う」「たすくもそのうち追いつくだろう」と考え、深刻に受け止めずにいました。これは「正常性バイアス」と呼ばれる心理的な現象で、「大丈夫だろう」と自分たちに言い聞かせていた部分があったと振り返っておっしゃっていました。

たすくは幼稚園に入った後も、ほとんど言葉を発しませんでした。お母さんは「今思えば、一言二言しか話さなかった」と思い返します。たすくが言葉を使うことは稀で、指差しを使ってコミュニケーションを取ることが多かったようです。一方、ゆうみは女の子らしく、言葉の発達が早く、親とも積極的にコミュニケーションを取っていました。

幼稚園の頃に一度、たすくがてんかん発作を起こしたことがありました。お父さんは、父親としてだけでなく医師としてもたすくを見守ることができます。その際、脳波やＭＲＩなどの検査を行い、お父さん自身もその結果を確認していました。ＭＲＩは正常で特に異常が見られなかったものの、脳波を見た際には愕然としたそうです。慢性的なてんかん状態が確認され、その深刻さに打ちのめされたそうです。

このときのショックは、医師としてだけでなく父親としても非常に大きかったようです。たすくの健康状況を見守りつつも、医師として詳細なデータまで理解することで、改めてたすくに向き合う気持ちを抱えたのだろうと思います。

たすくにとって、ゆうみは生活をしていく上での一つのモデルでした。彼はゆうみの行動を真似することで、言葉を使わなくてもある程度の生活ができてしまっていたのです。あまり困らなかったので、ついつい先に伸ばしていたとお母さんは振り返っておられました。

たすくが自閉症であると診断される過程には、さまざまな戸惑いがありました。お母さんは、たすくが幼い頃から発達の遅れを感じてはいたものの、夫が医療関係者であるため、保健師さんもはっきりとした指摘がしにくかったのではないかと振り返ります。3歳児検診の際に相談してみたものの、「もう少し様子を見ましょうか」という返答が多く、具体的な対策が取られるまでには時間がかかりました。

その後、たすくが就学時検診を受けた際、ようやく「少しおかしい」という判断が下されました。たすくは言葉を話すものの、その内容やコミュニケーションの方法に明らかな違和感があったのです。その結果、特別支援学級（当時の特殊学級）への入学が勧められ、その際に「やっぱり専門的な診断を受けた方がいいのではないか」と思ったそうです。

さっそく地元の療育センターを予約しました。ですが非常に混んでいたため、すぐに診察を受けることができませんでした。そういった事情もあって、関東の実家に帰省した際に、関東圏のとある学園で教育相談を受ける機会を得ました。

この学園の先生方は医師ではないため診断はできないものの、「私たちが見た限り、自閉症の範疇に入ると思います」と話されました。この言葉を聞いたとき、お母さんはようやく「そうか、やはりそうだったのか」と納得する部分もあったそうです。

その後、お母さんは、予約していた療育センターに初めて足を運びました。そこで、たすくは「限りなく自閉症に近い」と正式に診断されました。

お母さんいわく、この結果を受けたお父さんは、完全には受け入れることができないように見えたそうです。そこには、医師として少し諦めきれないといった感情があったのかもしれません。

このようにして、たすくの自閉症が家族に認識されるまでには、さまざまなステップと心の整理が必要でした。

それは困難な道のりの始まりでもありましたが、少なくとも方向性が見えたこと、ある意味で「目標が定まった」ことは、大きな一歩になったのかもしれません。

## 誰も最後の判子を押せなかった診断

たすくが自閉症と診断された後、お母さんの心にはさまざまな感情が渦巻いていました。

時代背景として、当時はまだインターネットが普及しておらず、自閉症をはじめとする発達障害について自分で情報を集めることは非常に難しい状況でした。

お母さんは、「夫の小児科の教科書を見ても、発達障害に関する項目はほとんどない時代だった」と振り返ります。身近に相談できる人もおらず、不安だけが募る毎日だったそうです。

その後、インターネットが少しずつ普及し始めたことで、発達障害に関する情報をようやく手に入れやすくなりつつありましたが、それでもまだ限られた情報しかありませんでした。

お母さんが診断結果を受け入れる一方で、お父さんは「まだ違うかもしれない」と感じており、家族の中でも完全に一致した意見を持つことができませんでした。お母さんとしては「通常の学級に入れるのは難しい」と感じており、特別支援学級（当時の特殊学級）へ進むことが最善だと考え始めていました。

しかし、当時は、特別支援学級に入ると「もう通常の学級には戻れない」という片道切符のような状況がありました。そのため、特別支援学級への進学に対しては、周囲からは大きな抵抗感がありました。保健師や教育関係者も、「もしかしたら将来的に状況が変わるかもしれない」と考え、なかなか最終的な決断を下すことができなかったのです。

お母さんは、「誰も最後の判子を押さない状況だった」と言います。当時は、自閉症、発達障害という概念自体がまだ広く認知されておらず、その後の教育や進路が極めて限られるという現実がありました。そのため、家族としても簡単に結論を出せず、長い間、どの道を選ぶべきかを悩み続けることになったのです。

このような状況の中で、お母さんは、自分の直感と子どもの未来に対する不安を抱えながら、最善の選択を模索していました。

お母さんに、障害等の診断が早い方が良いかどうかについて聞いてみました。「個人的には早い方が良い」と振り返ります。

お母さんの場合は、たすくには双子の妹ゆうみがいたため、彼女の存在が母の孤立を避ける大きな助けとなりました。ゆうみのおかげで、たすくは幼稚園やコミュニティで自然と受け入れられ、保護者の輪にもお母さん自身が入りやすかったと言います。たすくが一人っ子であったならば、状況は全く異なっていたかもしれません。

診断が早ければ早いほど、たすくにとっても、お母さんにとっても、横のつながりが生まれるチャンスが増えると言います。仲間ができ、相談できる人が現れ、先輩の親子が一つのモデルとなってくれることで、心の支えが得られます。

一方で、３歳の段階では診断が難しい場合もあることも、お母さんは理解しています。自閉症の診断基準に明確に当てはまる場合であれば診断が容易ですが、医師が慎重に判断するケースも少なくありません。

特に、診断をつけることでその後の支援やサポートがどう行われるかが重要視されるため、そのタイミングや環境、さらには親の考え方によっても、診断が下されるまでに時間がかかることがあります。

結局のところ、診断が早ければよいということだけではなく、さまざまな要素が絡み合い、最適な時期や方法を見極める必要があるのだと、お母さんは考えています。

私の考えでは、都市の規模感や、その方の生活圏の規模感や都市が持つリソースの大きさなども関わってくると思っています。

## 父の大きな決断

診断が下されてから、家族の生活は大きく変わりました。特に、お父さんが劇的な変化を遂げたことが印象的でした。お父さんはご自身の中でいろいろと考えて、ある日突然「ストンと落ちた」ようでした。これまで仕事や学位論文の執筆に追われていたのもあるのですが、「この子を治すぞ」というぐらいの勢いになりました。そして猪突猛進に行動し始めました。

お父さんは、自閉症に関する本を文字どおり片っ端から購入し、自宅には自閉症に関する書籍が山のように積み上がるようになりました。お父さんは「自閉症」というキーワードが含まれる本を見つけるたびに、すぐに注文し、その結果、自宅の書棚はまるで自閉症専門の図書館のようになっていったのです。また、インターネットで自閉症に関する情報を徹底的に調べ、たすくに最適な教育環境を見つけ出すために奔走しました。

以前は仕事に追われる日々を送っていたお父さんが、たすくの未来のためにあらゆる手を尽くそうと、お母さんが驚くほど動き出したそうです。

お父さんは当時、医学的な知識を生かしながらも、まだ治療法が十分に確立されていない中で「TEACCHプログラム」[註1]の「構造化」について深く研究していきます。自閉症に関する治療のメカニズムや薬物療法がほとんど明らかになっていなかったため、どのように療育を進めるべきかを模索していた時期だったそうです。

お父さんは、ある学校への入学を目指すことにしました。この学校がたすくにとって最適な環境であると確信し、当時住んでいた家を売ってその市内中心部に引っ越す決断を下しました。この大胆な決断が、後に私との出会いにつながるきっかけとなりました。

その学校では、近郊の教育大学と連携した特別支援教育（当時、特殊教育）が行われており、学級の人数規模も大きく、歴史のある学校でした。しかし、家からは遠く、学区も全く異なるため、5年ほど住んだ家を思い切って手放す決断をしました。新しい住まいは、お父さんが勤務する病院の古い宿舎で、決して理想的な住宅ではなかったと言います。

たすくの教育環境を整えるために家族が引っ越しを決断した際、もう一つ大きな課題が持ち上がりました。それは、妹のゆうみの進路です。たすくと同じ学校に通わせるべきかどうか悩みました。

お母さんは、ゆうみをたすくと同じ学校に通わせることに対して不安を感じていました。いじめなどのリスクを考慮し、また、人生の長い視点から見ても、兄妹を別々の学校に通わせた方が良いのではないかと、いろいろな方からのアドバイスがあったからです。

そこで、お母さんは教育委員会に相談し、ゆうみの進路について助言を求めました。教育委員会からは、「国立の小学校を受けてみてはどうですか？」という提案がありました。この提案を受け入れ、ゆうみを国立の小学校に通わせることにしました。この学校は、たすくの学校から比較的近くにあり、お母さん一人でも両方の学校に行き来できるという利点がありました。しかも、参観日や運動会などの行事が重ならないというメリットもあったそうです。

この決断は、たすくとゆうみ、それぞれの未来にとって非常に重要な分岐点となったのです。

現在、就学先は校区の学校へ通うことが基本とされていますし、当時も多大なコストをかけ、越境入学することが必ずしも前提ではありませんでした。

［註1］TEACCH（Treatment and Education of Autistic and related Communication-handicapped Children）は、自閉症の人々の生活が自立して行えるよう支援しながら、いわゆる一般の人たちと共生していくことを目指す包括的なプログラムのこと。

## 双子の妹ゆうみの幼少期の記憶

ここからは、ゆうみの幼少期の思い出や、たすくとの関係における感情について深く掘り下げていきます。

ゆうみは幼少期に、たすくとの関係において非常に複雑な感情を抱いていました。

ゆうみは2分後に生まれた妹ですが、幼い頃から「お姉ちゃん」としての役割を求められることが多く、特にたすくに対して世話をするように言われることがしばしばあったそうです。たすくが泣いたり、暴れたり、話が通じなかったりする場面で、幼稚園の通園バスの中でも「きょうだいだから何とかして」と言われることが多く、これがゆうみにとって負担であり、記憶として強く残っているとのことでした。

ゆうみは、その当時から不公平感を強く感じていました。たすくが特別なケアが必要だとは理解していなかったため、「どうして自分だけが世話をする役割を押し付けられるのか」という疑問が頭をよぎっていたのです。たすくが泣いたり、問題を起こしたりするたびに、自分が責任を負わされることが多く、それがゆうみにとって大きなストレスとなっていました。


お父さんもこのエピソードを聞いたとき、「娘を守らないといけない」と強く感じたのだそうです。この「守る」という意識は、たすくを見た周りの人たちが生じる風評や偏見から娘を守るというものでした。

双子でなくとも、年の近いきょうだいであっても同じですが、もしたすくの存在が原因でゆうみが困難な状況に直面することがあれば、それがゆうみにとってたすくを嫌う理由になるかもしれないと懸念していました。

そうした悩みを抱えながらたすくの療育を進める一方で、ゆうみには、「今なら少しはわかってくれるだろうけど」と前置きしつつ、「お前のことを愛しているよ」とわかるように接したつもりだったとお父さんは話していました。

また、ゆうみにはもう一つ印象的な思い出があります。それは、幼稚園での持ち物に関することでした。ゆうみが通っていた幼稚園は細かな指導が非常にしっかりしていて、例えばご飯の前に手を洗い、タオルで手を拭くことが徹底されていました。しかし、ゆうみはよくタオルを忘れてしまうことがよくありました。自分の持ち物は自分で管理する必要があったため、たすくの分はお母さんが準備していたのに対し、ゆうみは「たすくばかりお母さんがやってくれてずるい」と感じることが多かったと言います。


たすくが特別なサポートを必要としていたことを理解できなかった幼少期のゆうみにとって、お母さんがたすくに対して特別な注意を払うことは、自分がないがしろにされているように感じられたようです。

もし、ゆうみがたすくと同じ小学校に進んでいたら、こうした感情がさらに複雑になり、現在のような関係には至らなかったかもしれないと本人は言います。

このように、ゆうみにとって幼少期の経験は、たすくとの関係に大きな影響を与えており、別々の小学校に通ったことが2人の関係のために必要であったのかもしれません。

## ゆうみの戸惑いと成長

ゆうみがたすくの自閉症をはっきりと認識し始めたのは、小学校の中学年頃からでした。彼女が通っていた小学校には特別支援学級が設置されておらず、市内のさまざまな地域から子どもたちが通う学校でした。周りの子どもたちが障害のある人へのネガティブな言葉を口にすることもあり、時には「お前のきょうだい、障害者なんだろ」といった言葉をゆうみ自身が投げかけられることもありました。

ゆうみは、このような言葉を聞くたびに腹が立つような思いをしました。そして、たすくが自閉症であることを改めて認識するようになりました。そのときから、自分のきょうだいについて話すことを避けるようになったのです。ただ、彼女はそのような言葉を受けた際には、すぐに先生に相談して自分を守るようなタイプでした。意図的にたすくのことを隠していたわけではないものの、「話したところでいいことはない」と感じ、自然と口を閉ざすようになったのです。

この時期、ゆうみはたすくの自閉症についてもっと理解しようと、自ら進んで勉強を始めました。特に、同じようなきょうだいの立場にある島田律子さんの自伝[註2]を読み、自分の置かれた状況と重ね合わせて考えることが多かったと言います。また、お父さんの書斎に忍び込んで育児書や自閉症に関する本をこっそり読むこともありました。こうした読書を通じて、ゆうみはたすくの特性を少しずつ理解し、自分の中で整理しようとしていたのです。

ゆうみは、読んだ本や自分の気持ちをアウトプットするために、詩やスピーチ原稿を書き留めるようになりました。中学校時代には、スピーチコンテストに参加するために、自分の感情や経験を表現した作品を手書きでまとめていたこともありました。このようにして、ゆうみは自分の中の苦悩を文章にすることで、少しずつたすくに対する気持ちを落ち着かせていたのです。

しかし、ゆうみには罪悪感もありました。たすくのことを他人に話すことを避ける一方で、自分がたすくの存在を隠していることに対して、心の中でモヤモヤを抱いていたのです。たすくを隠すことは悪いことではないと理解しつつも、家族にその気持ちを伝えることができず、他校の友達にだけ話すこともありました。そして隠し続けることができず、時にははぐらかしてちょっと嘘をつくこともあり、そのたびに強い罪悪感を持ったと言います。
こうした経験を通じて、ゆうみはたすくとの関係をどのように捉えるかを模索していました。家庭内でたすくについて話す機会が少なかったとはいえ、ゆうみは自分なりに、たすくの特性や自分がそれにどう向き合うべきかを深く考えていたのです。この時期に感じた不完全燃焼の気持ちは、ゆうみが成長する過程で大きな影響を与えたのではないでしょうか。

[註2] 島田律子（2001）『私はもう逃げない：自閉症の弟から教えられたこと』講談社

コラム1

# 就学先を決定するまでの流れ

就学先を決定するまでの流れは、平成19年4月に施行された学校教育法施行令の改正から大きく変わりました。それまで学校教育法施行令第22条の3に示されていた特別支援学校に就学させるべき障害の程度を規定する基準から、特別支援学校が対象とする障害の基準へと改正されたのです。

これは、いわゆる対象とする障害の程度を示すものとしての重要な改正になりました。またこの改正では、就学先の決定において保護者からの意見聴取が義務づけられました。法的に特別支援教育が位置づけられたことに伴い、文部科学省は「特別支援教育の推進について（通知）」を出しました。

通知の中では、就学相談、教育相談に関して「専門家チーム」を設置すること、入学に際して保護者と連携し児童の教育的ニーズを把握し適切に対応することなどが盛り込まれました。これらの法改正や通知を受け、各教育委員会の就学指導委員会は「就学支援委員会」へと名称を変更し、「専門家チーム」が設置され、各関係機関が

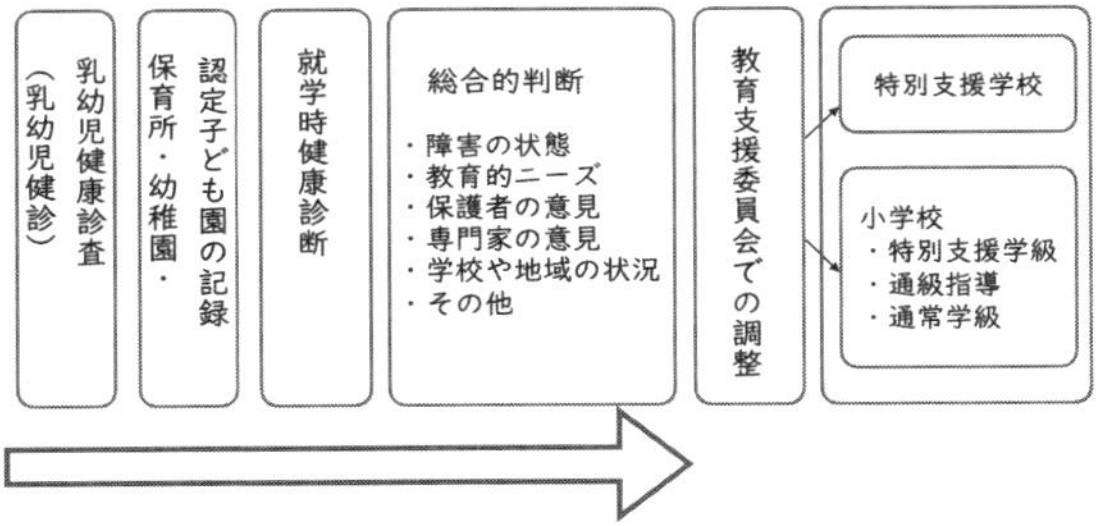

図1　就学先決定のプロセス（小学校入学まで）

連携できる体制づくりが進められました。

さらに、障害者の権利に関する条約への署名、批准の流れもあり、平成24年には「共生社会の形成に向けたインクルーシブ教育システム構築のための特別支援教育の推進（報告）」が文部科学省中教審から出されたのです。

ここでは就学先決定のあり方として、図1で示した「総合的判断」によって決定される仕組みが適当であるとされ、教育委員会が本人や保護者にしっかり情報提供した上で、本人・保護者の意見を最大限尊重し、関係する教育委員会や学校等と教育的ニーズと支援について合意形成を行い、最終的に教育委員会が就学先を決定するものとしました。

また、決定した就学先も固定的ではなく、本人の実態や適応の状況等によって柔軟に変更できるものとされました。

これまで就学基準（いわゆる22条の3）に該当する子どもは原則特別支援学校へ就学する就学先決定のプロセスを見直し、本人の教育的ニーズや本人・保護者の意見、各専門家の意見、地域や学校の状況を総合的に判断して就学先を決定することに改められたことは大きな改正でした。

この報告を受け、翌25年には学校教育法施行令の一部が改正されます。就学先を決定するまでの新たな流れ、障害のある子どもの就学先を個別的に判断することが法的にも位置づけられたのです。

これが現在の就学先を決定するプロセスです。それは令和3年「障害のある子供の教育支援の手引～子供たち一人一人の教育的ニーズを踏まえた学びの充実に向けて～」（文部科学省初等中等教育局特別支援教育課）においても丁寧に示されています。ここでは、就学したから終わりではなく「入学後の教育相談の重要性」と「就学後の学びの場の柔軟な見直しとそのプロセス」に至るまでを取り上げ、子どもの発達や成長に即して常に適切な学びの場を考えていくことの大切さが示されています。また、現在ではこども家庭庁が、5歳児健診の全国での実施を目指しているようです。これには、早期からの支援が目的と言われています。

〈参考文献〉

図1は下山春彦他監修（2022）『障害者・障害児心理学（公認心理師スタンダードテキストシリーズ13）』ミネルヴァ書房、p.22より

# 第2章

# 学童期

## 出会い

小学校に入学したたすくは、特別支援学級に在籍することになり、そこで私と出会いました。私は当時、新卒の初任者でした。

当時、私が所属していた特別支援学級は、経験豊富なベテランと若い教師がチームを組んで学級を担当する体制がとられていました。幸運なことに、たすくの学級には3名の先生が配置されており、その中でベテランの教師がメインの指導を担当していました。私はそのサポート的な立ち位置でした（「見習い」が適切かもしれません）。

たすくは、集団生活に大きな戸惑いを感じているようでした。言葉の発達が遅れていることと、朝の会などの集団行動にうまく馴染むことができず、しばしば廊下でひっくり返ることがありました。たすくは、まさに「3歩歩いたらひっくり返る」というような状況で、何をするにもパニックになりがちでした。

なにか活動するごとに本当にまず1回ひっくり返る。もはやこれは何かのルーティンなのかと思うぐらいでした。当時は、「やるよ」と言ったら、「ぎゃーー」という感じでした。初任ということもあり、大学の講義で勉強はしていましたが、具体的な対応が何一つわからない。教科書どおりでは全くうまくいかないことの連続。どうしていいかもわからないし、なんなら、何かした方がよいのか、しない方がよいのかもわからない。この当時の印象は、もうそれしか残っていません。

たすくは学校に来る意味や、自分がその場所にいる理由を理解できず、毎日が混乱の連続だったように思います。たすくがパニックに陥った際にはまず私が対応することが多く、その過程で次第に彼の行動の意味や背景が少しずつわかり、少しずつ関わりの糸口が見えてきた中で、彼との信頼関係が築かれていったように思います。

何もわかっていなかった私は、たすくへの学習指導の中ではなかなか関係性をつくることができないでいました。日常生活の中で何か一つでもきっかけがないかと探し続けたある日の清掃活動。体の使い方にまだまだぎこちなさのあるたすくへの指導として、清掃活動の雑巾がけに取り組みました。モデルとして隣で私も雑巾がけをしたのですが、たすくの苦手な動きだったこともあり、モチベーションがどうにも上がらない様子でした。

写真①　雑巾がけの様子

そこでふと思い立って雑巾がけを2人の競争にしました。そこでたすくはこれまでに見たことがないぐらい驚くほど反応したのです。

「位置について～～、よーい！　ドンっ！！」

「ピッピッピッ、スタート！」

「ゴ――――ツル！！！」

「たすくの勝ち～！　ぐんじ先生の負け――」

動きをできるだけ言語化しながら、実況中継をするようにたすくに話しかけました。そのときの私のイントネーションが面白かったのか、私に勝てたことが嬉しかったのか、自分から動き始め何度も「やろう！　やろう！」と私に訴えてきたのです。

この出来事が、たすくとの関わりの糸口が見えてきた瞬間でした。

また、お母さんは、たすくを学校に通わせるためには、毎日送り迎えをする必要がありました。玄関でたすくに靴を履かせ、学区外の学校まで車でたすくを送迎することは大変だったと言います。一方で、ゆうみはバスや徒歩で通学することができたため、母親が付き添う必要はほとんどありませんでしたが、たすくには常に付きっきりの状態が続いていました。

たすくが入学した小学校での体験は、お母さんにとって希望と不安が入り混じったものでした。たすくが通う学級には、経験豊富なベテランの教師がいる一方で、私のような若手も配置されていました。お母さんは、若い先生に対して、柔軟な発想や新しいアプローチを期待していたようです。この学校のことではありませんが、ベテランの先生は自分の考えを曲げない傾向があるという印象を持っていたお母さんにとって、私のような若い教師がたすくにどのように接するかに期待を寄せていたようです。

実際、ベテランのメインの教師が朝の会などをしっかり進めます。そのときたすくは廊下に出て、ひっくり返ったりするのですが、私が若くて走れるということで、文字どおり駆けずり回り対応するというような感じでした。

たすくとの最初の出会いは、私にとっても衝撃的なものでした。新卒で何もかもが初めての経験だった私は、たすくが学習活動のたびにひっくり返る姿に、どう対応すればよいのか戸惑いを隠せませんでした。それでも、たすくのためにできることを模索しながら、少しずつ彼の特性を理解し、関わり方を学んでいきました。具体的な活動の見通しを持つことや、楽しみがあることで行動が安定してくることがわかるまでにはずいぶんと時間がかかりました。日々、失敗する関わりの記録を取り、考え続け、試行錯誤するしかありませんでした。

お母さんの心境としては、これまでは何が目標になるのかもよくわからない状態でしたが、初めて、自閉症や知的障害のある子どもが正式に教育を受けられる場所に入ったことで、少し安心したという気持ちがあったようです。幼稚園には通っていたものの、毎日通える学校があるということ自体が、本当に幸せだと感じていたようです。

それに当時は、ワンオペで育児をしていたため、2人ともが学校に行ってくれることで、家のことに手をつけられる時間ができ、やっと少し自分の時間を持てるようになったと話していました。「初めて『解放された』気持ちになった」という言葉が特に印象的でした。

また、周りには先輩のお母さんたちがいて、相談できる人がいるという心強さもありました。6年生になったらこんな感じになるのかな、というモデルが見えたり、その先の中学校のことを考え始めたり、「先が見えてくること」で、やはり安心感が生まれると感じたそうです。

「今振り返れば、たった6年先のことだったけれど、そのとき初めて『この子がこれからどうなっていくのか』という未来が少しずつ見えてきた」と言います。

## 段ボールでつくる「自分だけの家」

私が行った授業についても紹介します。生活単元学習の一環として、段ボールを使って家をつくるという活動を行いました。たすくを含め、多くの自閉症の子どもたちが在籍する学級だったこともあり、みんなで一つの作品をつくるというよりは、一人ひとりが自分の家をつくることに重点を置きました。みんなで一つのものをつくるという発想ではなく、一人ひとりが自分だけの空間を持つことが当たり前のように保障されるべきだと、当時若かった自分ながらに感じていました。特に小1から小6までが一緒に学ぶクラスだったので、きっと自分の好きな場所で過ごしてみたいだろうと考えていました。一人ひとりの思いがたくさん詰まった家が教室に所狭しと並ぶのを想像するだけでワクワクしました。

障害のある子どもたちは、なかなか自分の望む場所に行くことが難しいからです。親御さんや周りのサポートがなければ、自分の気に入った空間で何かをする機会がなかなかありません。だから、少しでも学校でそうした経験を積ませてあげたいと考えていました。

この学習のために、周りに無理を言って大型段ボールを集めてもらいました。冷蔵庫用の大きな段ボールを10個以上集めるという、なかなか無茶なことではありましたが、その段ボールに各自で自由に色を塗ったり、画用紙を切り貼りして、自分だけのオリジナルの家をつくり上げていきました。当時、教室の半分以上が段ボールの家で埋め尽くされるという、なかなか壮観でした。隣の教室も使っていたので、まるで学校全体が段ボールの街のようになっていたのを覚えています。

段ボール集めは大変でしたが、これは周りの協力を得て乗り越えました。学生さんたちにも手伝ってもらい、教室全体が子どもたちの個性豊かな家で埋め尽くされていく様子は、まさに一大プロジェクトでした。

自分だけの空間をつくるということが、子どもたちにとって大きな意味を持っていたようです。この活動を、たすくもとても嬉しそうに取り組んでいたことをよく覚えています。

段ボールの家づくりプロジェクトは、「カームダウンエリア」としても機能します。当時は、パニックになったときに落ちつくための空間を用意し対応するという考えが、まだあまり浸透していませんでした。しかし、この段ボールの家が自然と子どもたちにとって落ち着ける場所になり、特にたすくはその中でとてもリラックスしている様子でした。

お母さんからも、「大きなトーマスの電車をつくってあげたら、たすくがその中で満足そうにしていた姿が印象的だった」というお話を聞きました。

授業中もその段ボールの家の中で過ごすことがある彼らを見守って（指導の観点からはどうなのかと疑問に思う人もいるかもしれませんが）、彼らが安心して過ごせることが何より優先されますし、そこから学習の土台を築いていくことが必要だと感じました。何より彼らが安心して過ごしている姿を見る方が私は100倍嬉しいですし、大切だと感じていました。

また、この家づくりにはもう一つの重要な側面がありました。私たちの学級は学校の奥の廊下に位置しており、その廊下はどの学年の子どもたちも体育館に向かう通り道でした。休み時間になると、低学年の子どもたちがその段ボールの家にふらっと入ってきて、一緒に遊び始めるのです。これによって、自然とインクルーシブな場が生まれていきました。休み時間には異なる学年やクラスの子どもたちが自然と関わり合い、遊ぶという関係ができていたのです。

この段ボールの家づくりのエピソードは、単に物をつくるというだけではなく、子どもたちが自然に関わり合う環境設定の一環として、大きな意味を持っていました。

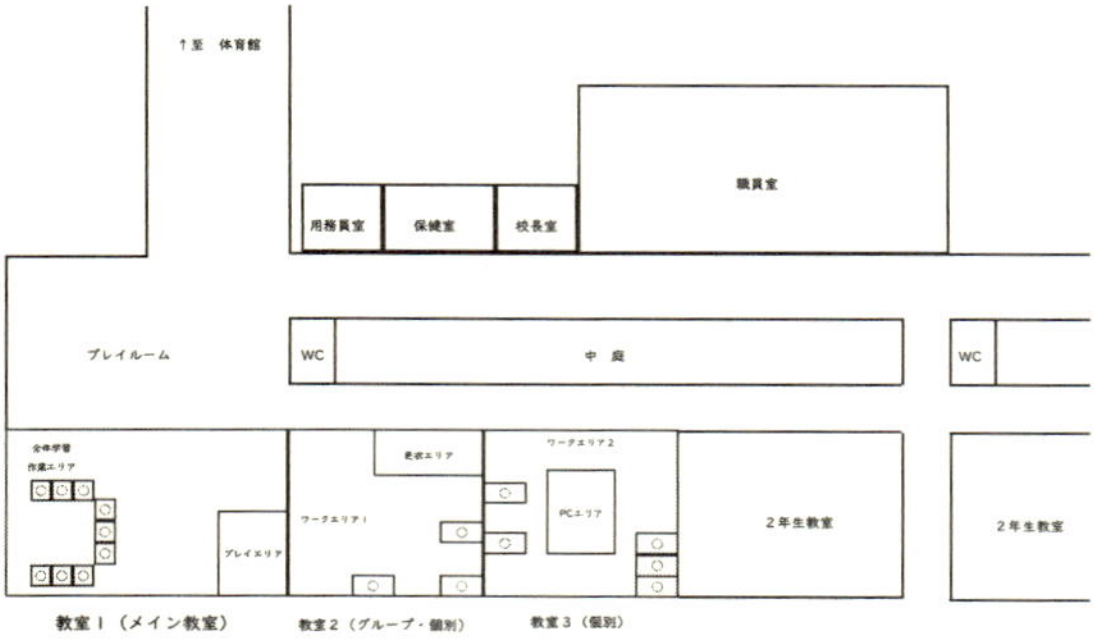

図2　校舎内配置図

また、この学級での取り組みの中核である個別学習は非常に有用でした。この学級で行っていた「TEACCHプログラム」を参考とした取り組みは、当時としては周囲の学校を見渡しても革新的だったと今でも思います。当時は、個人の学習や生活課題に応じた学習を進めていくために、個別の学習ブースを用意していました（図3）。各ブースはベニヤ板で仕切られており、それぞれの子どもたちが集中して取り組めるように、物理的な構造化がなされていました。

各ブースでは、個別の学習課題が棚にセットされており、一番上から順番に取り組み、最後まで終わったら課題を専用の箱に入れるという流れが自然とできていました。子どもたちはこの構造化された環境により、何をすべきかが視覚的に明示されて、自然な流れで自ら学習を進めることができました（明確に空間を分けること自体が目的ではありません）。

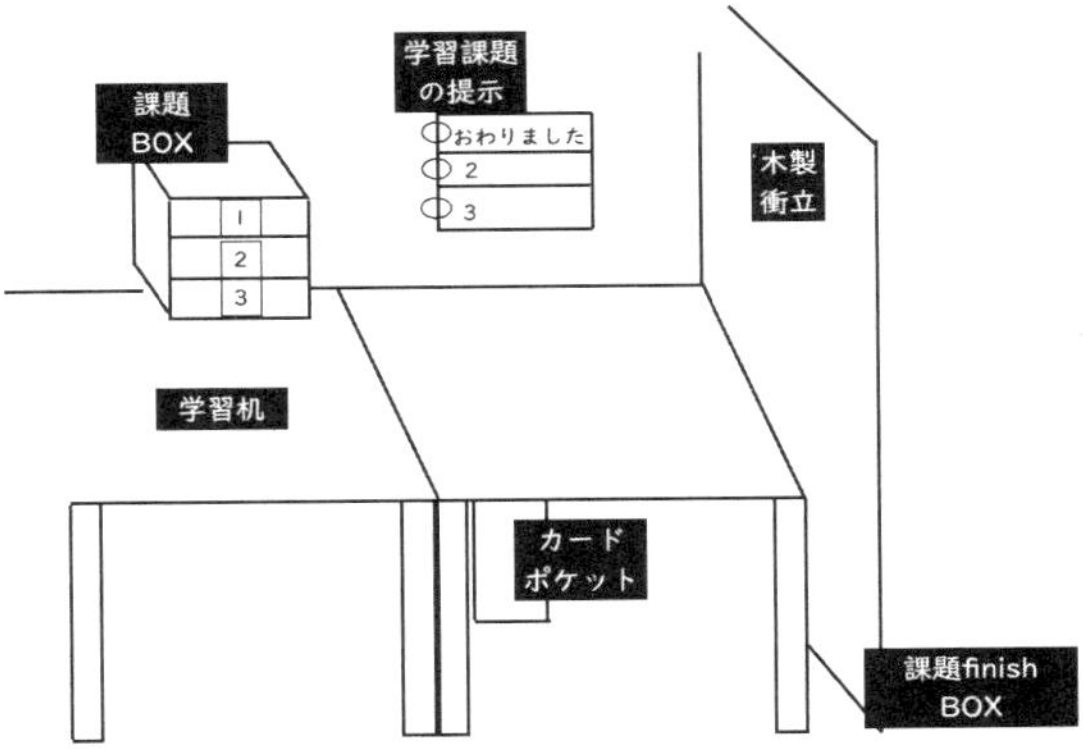

図３　個別の学習ブース

当時の学級には10名以上の子どもが在籍しており、教室が３つ割り当てられていました（図４）。一つは全員が集まるメインの教室、もう一つは小集団で使う教室、そして最後の一つが個別学習のブースが設置された教室です。それぞれの空間が明確に役割を持っており、子どもたちはそれぞれの場所によって何をするべきかを理解できるようになっていました。

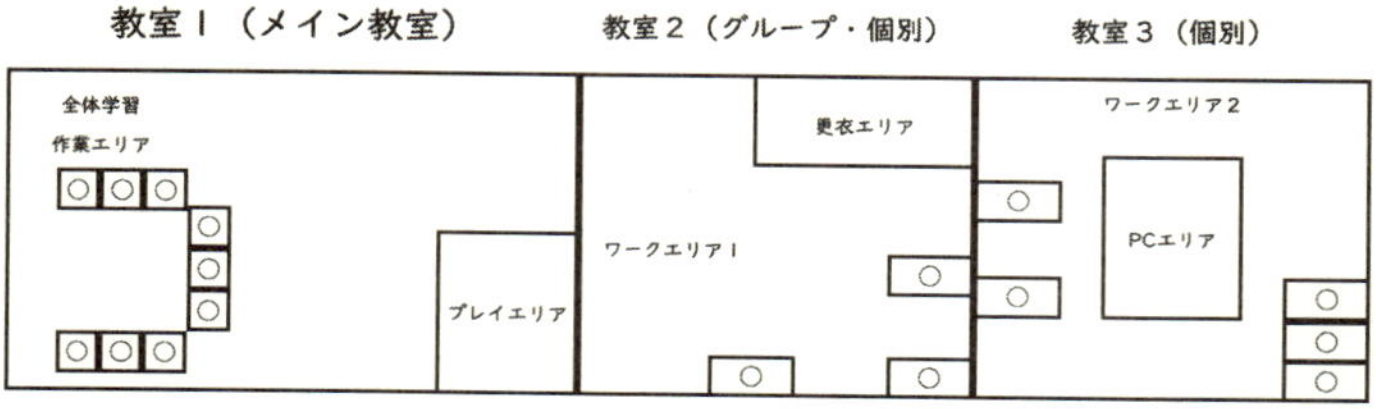


図４　教室配置図

自閉症の子どもたちにとって、場所と活動がしっかりとリンクしていることは非常に大切です。どこで何をすべきかが視覚的に示されていると、活動への見通しが持ちやすく、活動がスムーズに進むのです。この取り組みは、今振り返ってみても非常に意義深いものであり、改めてこうした環境の重要性を感じています。

成長していくにつれ、境界が生活の文脈で自然なものになっていくとよいなと思います。

## 交流学習がもたらしたもの

たすくの交流学級の友達は、「お手伝い係」といった特別な役割としてではなく、クラスの一員として自然に受け入れていました。交流学級全体でたすくも他の子どもたちと同じ一人のメンバーとして扱われ、子どもたちにとってそれが当然であり、彼を特別扱いすることなく、自然に関わってくれたのです。

たすくにとって、通常学級の同級生との「交流学習」は非常に大きな意味を持っていました。彼の周りには、自然とサポートしてくれる同級生たちがいて、特にアイカさん（仮名）をはじめとしたグループが、いつもたすくを気にかけてくれていました。この子たちは、「たすくを助けます」と特別に大げさな態度を取るわけではなく、日常の中でごく自然にたすくのことを気にし、必要なときにサポートをしてくれていました。

彼女たちがいるおかげで、私自身もたすくのそばにずっと付き添う必要がなくなるほど、たすくが自分らしく過ごせる環境が整っていたのです。

彼女たちはたすくをサポートするだけでなく、特別支援学級にもよく遊びに来てくれていました。このような関係性があったことはたすくにとって非常に大きかったと思っています。

彼女たちについて、お母さんにもお聞きしました。

たすくとアイカさんは幼稚園時代からの付き合いがあり、自然と一緒に過ごすことができていたそうです。彼女は優しい子で、たすくがクラスに来ると、「たすく、たすく」と言いながら、何の気負いもなく自然に一緒に行動してくれました。おそらく、クラス替えの際も、幼稚園時代からのつながりが配慮され、アイカさんはずっと一緒だったのではないかと言っていました。

特に印象的なのは、彼女一人がたすくを支えるのではなく、彼女の友達の女の子たちも一緒にたすくと行動してくれるようになったことだそうです。

この関係は中学校に進んでも変わることはなく、たすくにとって「好きな友達」であり、「一緒にいて当然」のような感じであったそうです。

ここからは、お母さんからいただいたコメントを載せたいと思います。かなりお恥ずかしいところではありますが、お付き合いください。

先生を表だって褒めるのはあれなんですが、通常の学級の子どもたちが集まるのは、絶対に先生の力だと思っています。

子どもは中学年くらいになると、だんだん「この人は障害者なんだな」とか「ちょっと特別な人なんだな」ってわかってくるものです。でも、郡司先生が担任をされている間は、周りの子どもたちはそういう意識があまり強くならず、最後まで自然に一緒に行動できていたと思います。

特に男の子たちの中にも、優しく接してくれる子が何人かいて、それがとても大きかったです。それも、やっぱり先生に人気があるからですよね。

私も今、仕事として学校で英語を教えに行ったりしていますが、つくづく思うのは、先生にとって一番の適性って、「子どもたちに好かれること」だと思うんです。先生が子どもを好きかどうかは関係なくて、子どもたちが先生に話しかけやすいとか、「この先生なら反応してくれそう」って思えることが大事なんです。

郡司先生は、まさにそういう雰囲気を持っている方で、子どもたちが自然に集まってくる存在でした。特別支援学級の先生って、当時はどちらかというと、あまり子どもに話しかけてもらえない雰囲気の方が多かった気がします。でも、先生の学級は違っていて、みんなが自然に寄ってきていました。

また、たすくのいた学級の配置がよかったです。その学級は、体育館に行くルートに位置していたので、子どもたちは毎日のようにそこを通ることになります。だから、その道すがらちょっと寄って遊んで帰ることも多かったのだと思います。

特別支援学級って、子どもたちが近寄らないような場所に配置されることが多いのですが、この学校の場合は、みんなが絶対に通らないと行けないような場所に昔から設定されていました。

「先生がいる！」「たすくもいる！」みたいな感じで、ちょっと遊んから帰っていくかといった雰囲気づくりができていたのだと思います。先生とも喋りたいからたすくと喋ろうみたいな感じだったのだと思います。

ありがたい言葉ばかりです。裏返すと、当時は専門性で勝負できるものが教師としてまだ何一つなかったのだと思います。何とかこの若僧を育てなければと、学級の保護者のみなさんがあたたかく見守り、支え続けてくれたのです。学校のＰＴＡ役員に積極的に立候補してくださったり、学校中の親子行事に学級のほぼすべての家庭が参加してくれたりと、とにかく一体となり子どもを支え、育てていくのだという風土がありました。支え続けられている中で、自分はとにかく子どもたちのことを学び続け、子どもたちからも学び続け、専門性を高めなければと考えていた日々でした。

後日談です。

ゆうみが大人になったアイカさんに連絡を取ってくれました。たすくとの学校生活は鮮明に覚えていた一方で、たすくの担任の先生とのエピソードはおろか、担任の名前すら覚えていなかったとのことでした。私はアイカさんの話から、改めて教師が黒子でいることの大切さを学ぶことができたのです。

## 食事に対する強いこだわり

たすくの食事に関しての話になります。たすくはかなりこだわりが強かったように思います。お母さんも話していたように、当時はバナナばかり食べていました。ほぼバナナ。学校ではお米すらほとんど食べずに食器をひっくり返していました。

お母さんいわく、新しいものに挑戦しようという気持ちはほとんどなく、食わず嫌いが非常に極端だったとのことでした。スパゲッティやバナナが唯一食べられる食べ物だったそうです。お母さんはスパゲッティにたくさんの野菜を混ぜて、何とか栄養を摂らせようと工夫されていたそうですが、それでも好き嫌いはとても強かったそうです。

学校で食事をしない理由が、学校の雰囲気や環境にあるわけではなく、あくまで食べ物へのこだわりや感覚の問題だったのだと思います。野菜は全く食べず、逆に外では草を食べたりすることもあり、その異食傾向も心配の種でした。こういった状況に、お母さんも「本当に生きていけるのかな」と思うほどでした。

当時、たすくが食事をほとんどとらない状況は、私たち教師にとっても大きな課題でした。特別支援学級では、「少しでも食べさせなければ」という思いが常にありました。例えば、スプーン一口分だけで「これだけ食べたら終わりでいいよ」と声をかけるなど、さまざまな工夫を凝らしましたが、やはり食べられないことがほとんどでした。このときには自閉症の人たちの感覚の特性についての理解が、私自身まだまだ不十分でした。

しかし、今振り返ってみると、たすくはすでに30歳近くになり、元気に生活しています。つまり、当時の「食べなければいけない（みんなと同じように食べさせなければいけない）」という強迫観念にとらわれる必要は本当はなかったのではないかと考えています。この考え方は間違いなのだろうと思います。

後にお母さんも話していましたが、「かたるべの森」に入ってから、たすくは食事面で大きく変わり、今では旅館の食事も完食できるようになっています。この変化を見て、食事に対して何が本当に必要だったのかを改めて考えさせられました。

給食は特別支援教育における「日常生活の指導」の一環であり、私たち教師にとっては大事な仕事です。しかし、たすくの場合、食べられないのは感覚の偏り問題や強いこだわりによるものであり、決して本人が努力を怠っていたり何も食べたくないわけではなかったのです。私としては、やっぱり最終的には本人に聞いた方がよいと今は思っています。

「一口食べさせる」ことを目標にしていたのは、今になって考えれば「仕事してる風」に見られたい教師側の（私の）エゴだったのだろうと思うことがあります。「今日はスプーン一口食べました」とお母さんに報告することが、本当に意義のあることだったのかと疑問に感じるようになりました。

学校にいる間は、どうしても「一口でも食べてほしい」という思いが強くなりがちで、特に若い教師にとっては「苦手なものを食べられるようになる」という目標は立てやすいものです。しかし、今ではたすくが社会人として働きながら、食事を楽しんでいる姿を見ていると、当時の自分に対して「それ、あんまり意味ないぞ」と思う部分もあり、そうした目標にこだわることに本当に意味があるのかと考え直す必要があったと感じます。

## 研究生ワタさん

たすくの成長を支える上で、私たち教師以外にも多くの人たちの助けを借りることができました。その一例として、研究生のワタさんの存在が非常に大きかったです。教育大学が近郊にあり、毎年、特別支援教育を学んでいる学生さんが研究の一環として学級に入ってきていました。その中で、ワタさんは現職の先生で、派遣されて1年間たすくのサポートについてくれました。

ワタさんは、個別の課題学習を丁寧にサポートしてくれて、そのおかげで、たすくの認知面がかなり伸びたと実感しています。たすくが特別支援教育の場で伸びていく姿を目の当たりにし、教師だけですべてを担うのではなく、多くの人たちの助けを借り、みんなで力を寄せ合い、学びを支えていくことが大切だと改めて感じました。

学校という場所では、さまざまな人が関わり合い、子どもたちが成長していく機会を提供してくれます。先生たちだけでなく、研究生や他のスタッフ、地域のボランティアなど、子どもたちにフィットする人が必ずいるのです。今は多職種連携といわれ、専門が異なる人たちがそれぞれの立場から子どもたちの学びを支える仕組みもできてきています。教師として「自分がすべてを担う」というある種のこだわりを捨て、つながりを大切にし、頼れるものに頼ることが、子どもたちの成長にとって時に最良の方法になるのだと私は思います。

たすくにとっても、ワタさんとの時間が本当に有意義で、彼の成長に大きな影響を与えてくれました。こういったさまざまな人たちとの関わりが、たすくの力を引き出し、彼の未来を切り開く大切な要素だったと今でも思います。

## 家庭での取り組み（トイレトレーニング）

ここからは、学童期の家庭での工夫をお聞きしたのでご紹介していきます。まずは、たすくのトイレトレーニングについてです。

これはたすくの家族でしかできない特別な取り組みかもしれませんが、取り組みに至る考え方であったり、家を学校の環境と同様にしながら進めていったりするところは参考になるかと思います。

お父さんが当時の育児において立てていた目標は、「身辺自立」でした。毎日の生活において、朝起きてからの一連の行動（トイレ、着替え、歯磨き、洗顔、食事、そして学校へ行くといった生活リズム）を、できるだけ自分でこなせるようになることを目指していました。帰宅後も、好きなことを楽しんだり、夜には自分でお風呂に入ったり、寝るまでの一連の生活を自立して行うことを目標としていたのです。

このときのお父さんは、家庭での取り組みに非常に熱心な時期で、家に学校と同じ「立ち小便器」を設置するほどでした。家でも学校と同じ環境をつくり出すことで、たすくが混乱せず、自立したトイレ利用に向けて一歩を踏み出せるように配慮したのです。

当時、立ってトイレを使うことが「大人になるために必要だ」と考えていたそうです。これにより、たすくは家でも学校でも一貫した形でトイレを使う練習を行うことができました。

そういった考えの背景には、お父さんも「ＴＥＡＣＣＨプログラム」に出会ったことがあります。これは前述の自閉症児に対する包括的なプログラムです。お父さんはその療育

写真②　家庭のトイレ

法が有効であるとの情報を得てから、関連する講演に積極的に足を運び、関連する書籍を買い集め、読み漁ったと話しています。

　そして、家庭でもできる限り「構造化」に基づいた療育を行うため、家族で工夫を重ねながら環境を整えていったとのことです。お父さんは、たすくのために必要なことを一つずつ積み上げていく努力を惜しまなかったのだと思います。

　このような取り組みの中で、お父さんは自閉症において「指示待ち」ではなく、自発的に行動する力を養うことが重要だと強調していました。自発的にトイレに行くこと、お風呂に入ること、そして時間になれば自ら布団に入ることなど、そうした基本的な生活習慣を身につけさせるため、長い時間をかけて少しずつ効果を感じながら進めてきたと話してくれました。

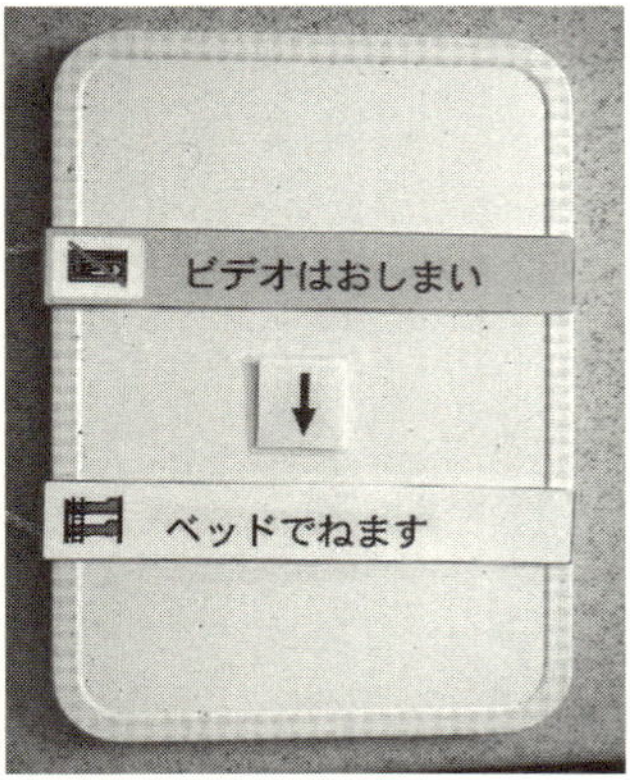


写真③　ツーステップのスケジュール

写真④　物理的な構造化（境界を示す）

写真⑤　視覚的に提示する

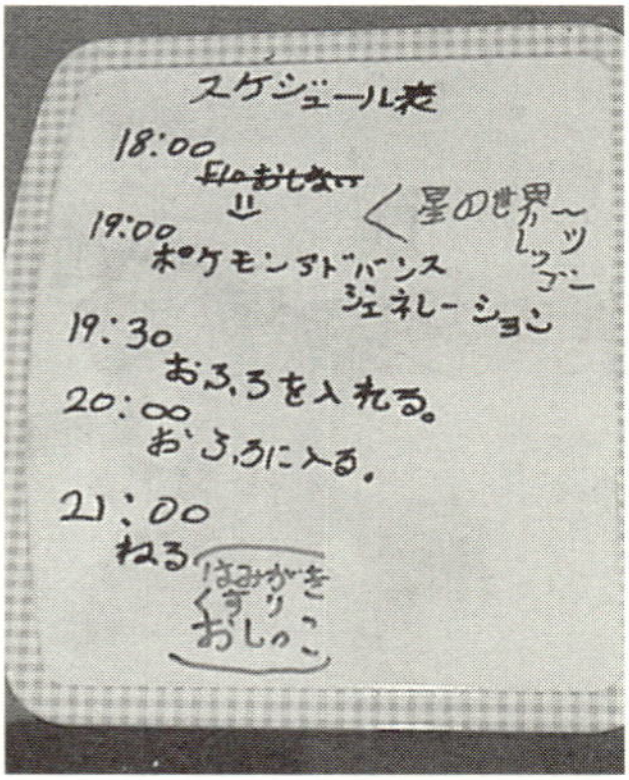


写真⑥　帰宅後のスケジュール

お母さんも「大人になるためには、自立したトイレの使い方が欠かせない」と感じていたため、家庭でも学校でも一貫した支援を心がけていました。

最終的に、たすくは立ってトイレを使えるようになりました。ですが、今となっては、座ってトイレを使うことも一般的になりつつあり、「当時の取り組みは本当に必要だったのか」とお母さんは振り返ることがありますが、時代に合わせて取り組むことの大事さを語ってくれました。いずれにせよ、当時の状況においては、たすくの自立に向けた重要なステップだったことは間違いありません。

## 世界中どこでもご機嫌になる食事

たすくの食事に関して、お母さんが日常生活で行っていた取り組みは、本当に工夫と忍耐の連続でした。とにかく食べられるものが限られていて、お母さんも「大人になるまで、何を食べて生きていくか」を常に考えていたそうです。

旅館での食事はもちろん、外食そのものが大変でした。そこで、家族で旅行に行くときやディズニーランドに行きたいときなど、どうすればたすくが安心して食事をとれるかということを考えました。

そこで、「コンビニのおにぎりを食べられる人間にする」という目標を立てました。これは、どこに行っても手に入るもので、たすくが確実に食べられるものを選ぶための工夫でした。

お母さんは、まずおにぎりの具材をおかかやシャケに限定し、これを食べられるように練習させていきました。当時、たすくは梅が苦手だったため、少しでも安心して食べられる選択肢を広げるために（今はおかかがあんまりないんですよね）、おかかやシャケなどを食べられるようにしていったのです。

また、「マクドナルドのフライドポテトがあれば、『世界中』でご機嫌になれる」ようにしていきました。これも一つの救いになります。

実はご家族はディズニーが大好きで、世界中のディズニーを巡るという目標を立てたことがあったそうです。アメリカへの大冒険でも、マクドナルドのフライドポテトやポテトチップスがあれば、たすくはどこでも満足して「ご機嫌に」過ごせたそうです。

お母さんは、「コンビニとマクドナルドが嫌いな子だったら大変だった」と振り返っており、これらを「仕込んだ」ことは、たすくが安心して旅行や外出を楽しむための大きな要素になったと感じています。

お母さんが「仕込む」と表現されているのは、たすくに楽しく食べる経験を与えるための工夫のことです。例えば、映画を観に行った後など、たすくにとって楽しいイベントがあった際には、マクドナルドに寄ってフライドポテトを食べるという楽しみを設定していました。これは、楽しいことを経験した後に、さらに楽しいものがあるという形で、ポジティブな食事体験を結びつけていく方法でした。

この考え方も「TEACCHプログラム」の一環で、変化や刺激があった後にリラックスして終わるために、フライドポテトを使うなど、楽しさと食事を関連づけていくものでした。お母さんは、たすくにとって食べることが嫌なことではなく、むしろ楽しみの一部になるように工夫を重ねていたのです。

「家のおにぎりしか食べられない」というのもよく聞かれることですし、そうなると、旅行ができなくなってしまいます。コンビニのおにぎりやフライドポテトといったどこにでもある食べ物は、非常に「心強い味方」になります。

お母さんも「ここまでくると教育というよりも、親の都合だけど」と話していましたが、何一つ問題ありません。でないと本当に旅行には行けなくなってしまいます。

また、たすくが3歳くらいの頃から、一緒に映画を観るというチャレンジをさせていました。それは、娘のゆうみがドラえもんの映画が好きだったからです。

最初は、暗い映画館の環境が苦手で途中で出てしまうこともあったそうですが、幸いポップコーンが好きだったことが大きな助けになりました。「映画館に行ったらポップコーンが食べられる」ことで少しずつ映画館に行く時間が伸びて、今でも「大人の余暇」になっているそうです。

これは、たすくのお父さんがすごく勉強しだしたときに、夫婦で話し合ったことだそうです。自閉症の人たちは報酬感覚が希薄だといわれているため、幼いうちに「自分が楽しいと思える報酬」を持つことが非常に重要だという考えです。特に、大人になったときに「これが楽しい」と感じられる時間や活動を持たないと、「生きる価値がなくなっちゃうから」ということを意識していました。

たすくがたまたま食べられるものと、映画をリンクさせることができたことは結果的にすごくよかったと話していました。

これらの取り組みによって、今では、たすくがどこに行っても「食べられるものがある」という安心感を得られるようになりました。食事は、たすくにとって一筋縄ではいかない問題でしたが、こうして地道に少しずつ選択肢を増やしていったのです。

## 対処不能のパニック

幼児期から学童期にかけて、たすくのお母さんが特に困っていたのは、彼の音に対する過敏さでした。多動の症状はあまり見られなかったものの、音に対して非常に敏感で、いつパニックが起こるかわからないという状況が続いていたのです。家の中ではパニックを起こしても何とか対応できるものの、外出先でパニックを起こすと非常に大変でした。これは高校生になるまで続き、どの音に反応するかも予測が難しかったと言います。

特に、スーパーマーケットでのキャンペーンソングや、連呼されるフレーズには強く反応してしまうことが多かったようです。通常のBGMではそこまで問題ないのですが、キャンペーンソングが流れ始めると、たすくは突然叫んだり、地面に倒れ込んだりしてしまうことがありました。また、時には他人に向かって突進したり、噛みつきそうになることもあったそうです。幸い、実際に誰かに危害を加えたことはなかったものの、加害につながる可能性が常に不安としてつきまとっていたと言います。

パニックが起きたときの対処法について、お母さんはさまざまな方法を試みていたと言います。落ち着いた声がけや、静かな環境に連れて行くなど、いろいろと対応はしていたものの、最終的には時間が経つのを待つしかない状況が多かったそうです。

たすくは一度パニック状態に入ると、すぐには心が落ち着かず、頭も混乱しているため、どんなに声をかけたり環境を変えたりしても、一定の時間が経たないといわゆる通常の状態に戻ってこないことがよくあったと言います。そのため、まずは人目につかない静かな場所に移動させ、彼が落ち着くのを待つしか方法がなかったそうです。

私が人事異動により担任を外れてから苦労をしたとお聞きしました。たすく自身は相変わらずパニックを起こすことが多かったのですが、それ以上に教師に対して親としての対応が難しくなっていったそうです。

お母さんが特に強調していたのは、当時の教育現場がまだ特別支援教育として確立していなかったという点です。そのため、特別支援教育の知識や経験が不十分なまま教師が配置されてしまうことがありました。障害のある子どもを持つ親として、まだ支援が整っていない中で、学校側とこれまで以上に連携を密にしながら乗り越えなければならない状況は、非常に厳しいものだったのです。

## 兄弟姉妹を育てるということ

たすくと双子の妹であるゆうみの子育てを比較してみると、実はゆうみの方が大変だったのではないか、というのがお母さんの考えです。

いわゆる健常の子どもであるゆうみを立派な社会人として育て上げることの難しさは、たすくの育児とはまた違ったチャレンジがありました。18歳を過ぎれば自立していくことが求められ、生きる力を持ち、社会でしっかりと生きていけるように導かなければならないという責任感が大きかったのです。

一方で、たすくには自閉症というハンディキャップがありましたが、常に周りに助けてくれる人がいる環境で育ってきました。そう考えると、たすくの方がサポートを受けやすい人生だったと言えるかもしれません。

ですから、今振り返ってみると、どちらが大変だったかと言うと、実はゆうみの方がより大変だったとお母さんは感じているようです。

最近では、障害のある子どもを育てる親の中でも、ひとりっ子のケースが多いかもしれません。その場合、その子にすべての注意が向けられるため、障害のある子どもを育てることが一番大変だと感じるかもしれません。しかし、兄弟姉妹がいる場合、それぞれに異なる困難や心の痛みがあるのではないかとお母さんは語っていました。

コラム 2

## ネットワークづくり

当時のたすくは本来の校区からの通学ではなく、いわゆる越境をしての通学をしていました。こちらの特別支援学級（当時：特殊学級）は、歴代の教師が大学と連携しながら実践研究を進めてこられ、指導や支援に関する知見が蓄積され、学級経営に生かされ続けている学級でした。

それは保護者の情報網で共有されていたとされています。ですから、たすくだけではなく越境通学の子どもが多く在籍している学級でした。

現在は、地域（校区）の学校に通学することが基本となり、各学校に特別支援学級が設置されているところが多いです。しかし、それに伴いいわゆる一人学級が多く存在することになりました。児童生徒一名、教師一名の学級です。地方都市では特にその傾向が顕著に見られるかと思います。

子どもたちが集団の中で学ぶ機会を持つことが難しくなることでの影響があると思いますし、保護者も子育てにおいて周囲に同じ状況にある方がなかなかおらず、一人思い悩んでしまうことがあるのではないでしょうか。

たすくが在籍していた学級では、先輩の保護者たちがいわゆるペアレントメンターとして機能していました。越境通学していた子の保護者同士でつながる機会も多かったと記憶していますし、先輩の先生が保護者一人ひとりが抱える思いや悩みを受け止め、理解した上でそれぞれの保護者同士を上手につなぎ合わせていたのです。

朝や帰りの送迎の時間や、学級懇談、学級行事、学校行事それぞれの機会を利用して互いを知る機会をつくり出していました。これはＴＥＡＣＣＨプログラムを参考に学級運営を進めていたこともあります。ＴＥＡＣＣＨプログラムにあるメンタープログラムのようにシステマティックになっていたわけでは必ずしもありませんが、考え方は通ずるものがあります。

その後に勤務した特別支援学校では、スクールバスのバス停やＰＴＡ活動、放課後等デイサービスの利用先等で保護者同士の自然なつながりができていくのを目の当たりにしました。

このような保護者同士の支え合い、つながりの多くは親の会や自助グループの活動によって成立し、脈々と受け継がれてきていました。２０００年以降になって保護者支援や家族支援の重要性が広く言われるようになり、２０１０年からは厚生労働省がペアレント・メンターの養成を推進しています。

ただ、原口ら（２０２０）によるとペアレント・メンターによる活動は非常に多岐にわたることと、地域差があることが報告されています。この取り組みはどの地域においても非常に重要な役割を担っていますし、今後ともシステムとして継続していくことを望んでいます。

〈参考文献〉
内山登紀夫（２００６）『本当のＴＥＡＣＣＨ：自分が自分であるために』Ｇａｋｋｅｎ
原口英之・加藤香・井上雅彦（２０１５）わが国におけるペアレント・メンター養請研修の現状と今後の課題」『自閉症スペクトラム研究』第12巻、第2号、p.63-67
原口英之ほか（２０２０）「自治体におけるペアレントメンターの活動に関する全国調査」『発達障害研究』、第42巻第３号 p.２７１-２７８

# 第3章

# 青年期

## 人生最大の暗黒期

たすくの中学校時代は、お母さんにとって「最大の暗黒期」と表現されるほど、非常に困難な時期でした。あまりよい思い出が残っていないとはっきり言います。中学校の記録や写真もほとんど残していないほどの厳しい時期でした。この時期のたすくが、学びを通じて何かしらの能力を身につけたかというと、そんな成長はまったく感じることもなく、とにかく八方塞がりのような状態だったとお母さんは振り返ります。

この時期は、成長に伴う身体的変化やホルモンバランスの影響で、日常生活にも対応しきれなくなったところもきっとあったと言います。これは、健常な子どもでも多くの家庭で経験するような中学生の難しさに加え、たすくには特有の苦労があったからです。

たすくには、自身の声変わりや体の変化に対応するのが難しかったようです。また、通っていた学校の特別支援学級は比較的大規模で、3クラス体制の10数名という環境でした。

しかし、そうした規模感の中で、たすくは「自分の居場所がよくわからない」という感じだったようです。

学校に行けなくなることが増えていきました。朝から学校に行ける日はほとんどなく、9時半頃にようやく登校できることもあれば、10時近くになっても行けないこともありました。たとえ登校できたとしても、教室で横になって過ごし、出席日数を稼ぐために学校にいるのでは？　という日々が続いていました。

たすくは、好きな作業学習には少しだけ参加するものの、全体としては学校での時間を過ごすことが少なかったようです。

ただ、たすくは行事が嫌いではなく、特に小学校時代の友達が通常の学級にいたこともあって、行事には部分的に参加していました。友達との交流があったことで、行事には積極的に関わっていたとのことです。

それでも授業の時間になると、たすくは「カームダウンスペース」で過ごすことが多く、そこで昼寝をしてしまっていたり、迎えに行くと着替えたまま眠ってしまっていたりすることもあったと言います。教室で長時間座って勉強するタイプの子どもたちとは違い、当時のたすくは教室にはほとんどいることができませんでした。

お母さんは、「精神的な理由で不登校になるといった知的レベルではたぶんないので、自分の意思が通らない、わからないとか、そういうことだったんだと思います」と振り返っています。「何しろ私にもその説明はしてもらうことができない。たすくの言語能力では何が嫌ですとかっていうことは、まだ中学校のときはあんまり言えなかった」と、とにかく戸惑い続けた中学校時代でした。

お母さんもどのようにサポートすれば良いかわからず、暗闇の中にいるような気持ちで過ごしていたのでした。

学校側の対応については、特別支援学級の担任だった先生がたすくの状態に寄り添おうとしてくれましたが、その優しさだけでは、たすくが抱える深い問題になかなか対応しきれなかったのが実情でした。

たすくが中学校に通っていた頃、学校全体の障害に対する知識や理解不足は、お母さんにとって悩みの一つでした。たすくがパニックを起こしたとき、誰かに直接危害を加えたわけではないものの、「謝罪の電話を入れてほしい」というような要求が頻繁にありました。例えば、女の子を驚かせるような行動をした際も、すぐに学校から連絡があり、相手の保護者へ「謝ってほしい」と謝罪を求められることが続いていたのです。

お母さんは、「無理解を挙げるとキリがない」と、やり場のない気持ちを抱えていたと言います。ただ、この当時の時代背景からは、今後の進路を考えると、どんな形であれ出席日数が必要で、たすくを学校に通わせ続ける必要があったと言います。

## なんとかつないだ中学校時代

たすくの中学校時代を振り返り、お母さんから出た言葉で印象的だったのは「なんとかつないだ中学校時代」という表現でした。

この時期、家族全体を支えたのは、現在もたすくが仕事でお世話になっている「かたるべの森」の児童デイサービスでした。この施設の方たちは「こんなことは普通だから大丈夫」と、お母さんへ安心感を与えてくれました。たすくを休みの日に外へ連れ出してくれたり、放課後の時間を一緒に過ごしてくれたりすることで、お母さんにとって一息つける時間をつくってくれました。お母さんはそのおかげもあり、自宅で英会話教室を続けることができました。

とはいえ、この時期にお母さんが人生で一度だけ、たすくに強くあたってしまったことがありました。まだ排泄が自立するかどうかの頃で、お母さんは精神的にかなり追い詰められていました。今でもそのときのことを鮮明に覚えていて、たすくの顔を見ると時々思い出すそうです。そして、「申し訳なかった」という気持ちが込み上げてくるそうです。

この時期は、お母さんにとっても人生で最も追い詰められた時期でした。「これまでの人生で思いっきり悩んだことがない」と言うお母さんですら、このときばかりは「もう人生いらない」と思うほどに追い詰められ、「死にたい」という感覚ではなく、「消えたい」という思いが初めて湧き上がってきたと言います。インタビューをしたときにも、「よく生き延びてきたな」と言葉をこぼしました。

たすくが中学校時代に抱えていた困難の一つは、自分の感情をうまく表現できず、ストレスがたまると、自傷とまでは言いませんが、「噛む」という行動に出てしまうことでした。自分の服の襟や袖を噛むことが多く、新しい服を買ったその日からすぐに穴が開いてしまうほどでした。その時期は特に噛むことが一番多かったとお母さんは振り返っています。中学校時代を通じて、この行動はほぼ変わることがなく、特別支援学校（高等部）に入ってしばらくするまでは続いていたようです。

噛む行為は、彼にとって伝わらない感情やストレスを発散する一つの手段だったのだと思います。時には人に向かってしまうこともありました。実際は、ダッダッとぶつかっていく感じだったそうです。幸い、当時はまだ体が小さかったため、大きな被害はなかったものの、空港では、他の人が警察を呼ぶべきかと考えたほどの事態にもなりました。お母さんが必死にたすくを押さえようとするも、反射神経では間に合わず、外出時には誰かと一緒にたすくを抱えながら歩かなければならないことが日常となっていました。

家であれば、たすくは自分の好きなことをしているときに安定して過ごすことができました。彼は自分のテリトリーの中で、好きな本を読んだり、ビデオを見たりして、心を落ち着かせることができました。当時はiPhoneなどのデジタルツールがなかったため、外出先で自分を安定させるものとしては本を持ち歩くことが唯一の選択肢でした。しかし、たすくにとって本だけでは、外部からの嫌な音や視覚的な刺激を遮断するには不十分でした。

もし現在のようなツールがいくつかでもあれば、外出時にもっと快適に過ごせたのではないかと、お母さんは振り返ります。

このように、たすくが感情をうまく表現できず、自分や他人に向けて行動してしまうことが、中学校時代の大きな困難だったと言えます。

## 家族の役割分担

その頃の妹のゆうみはどうだったかについてもお話しします。ゆうみはたすくとは別の学校だったため、普段の生活ではそれほど干渉することがなく、同級生にもたすくのことを知らない子が多かったようです。そういった環境で過ごしていたため、学校生活自体はそれほど問題なく過ごしていました。しかし、家族で旅行に行く際など、公共の場でたすくがパニックを起こすと、「周囲の目が痛い」と感じることもあったと言います。

ゆうみは、そんなモヤモヤを文章にして書くことで自ら消化していました。中学校のときには、弁論大会などで家族の状況や、兄であるたすくのことについて書いたこともあったそうです。

ゆうみにとって、たすくがパニックを起こしたときの状況は、家族全体で対応する「ワンチーム」のようなものでした。両親がたすくを押さえる役割を担う一方で、ゆうみ自身はその場で投げ出された荷物を回収していったそうです。彼女は「付き人」のような感覚であったと言葉にしていました。

ちなみに、お父さんにも同じような感覚があったそうです。家族全体をワンチームとして捉え、みんなが「運命共同体」としてつながっているという意識が強くあったようです。ゆうみとしては、たすくと距離を置きたくなる時期であったかもしれませんが、根っこのところでは家族全体が一つのチームだという考えを共有していたのではないかと話していました。

また、家族で旅行をする際には、ゆうみの特技は「トイレの場所を把握すること」でした。たすくが突然「トイレに行きたい」と言ったときに備えて、「あそこに看板が出ているよ」とすぐに指摘できるようにしていました。

家族はまるで「チーム制」をとるように、ゆうみは「実働部隊」としてではなく、淡々とたすくの行動を見守っていたようです。ジロジロ見られることへの「恥ずかしさ」を感じることはありませんでしたが、たすくを見てコソコソ話す周囲の人々には「ムカつく」という不快感を抱いていたようです。

## 支援者としてのきょうだい

ゆうみとたすくは、「いい距離感」だったんだなと、私は思います。ゆうみにとって「支援者の距離感」だったのがよかったのかもしれません。お互いにとって適切な距離感を保っていたことで、ゆうみとたすくは複雑な状況の中でもバランスを取って過ごしてきたのです。

ゆうみは、たすくとの距離感について、学校が被らなかったことが大きな要因だったと先述しました。彼女にとって、「家族」としてというよりは、長く一緒に見てきた「支援者」のような感覚であり、たすくと過ごす中での距離は、どこかプロフェッショナルなものだったのです。彼女は「心の距離は割とちょっと他人に近い感覚」だと言っており、必要以上にたすくに構うことはありませんでした。

最近では、両親が出張や旅行で家を離れている間に、たすくがゆうみの自宅に泊まる機会もあったそうです。ゆうみは淡々と対応しており、母親は「負担をかけるから申し訳ない」と感じていたようですが、ゆうみにとっては「特別」なことではなく、むしろ「本当に何もしてない」感覚のようです。実際に彼女がしているのは、送り迎えと部屋を貸すことだけで、その他の特別なサポートはほとんどないのです。

たすくが家に来たとき、ゆうみは自分の予定を変えることはなく、友達とバーベキューをしたり、ギターを弾いたりしています。たすくの特性を理解しているものの、互いに距離を保ちながら過ごし、特別に予定を変更することはありません。ゆうみにとって、この距離感は自然なものであり、たすくに対しては必要なサポートをしつつも、「特別な感じはしない」と言います。

それでいて、結婚式のような一度きりの家族の大切な行事の際には、「いい経験をさせてあげたい」という気持ちが強くありました。「完全に他人だと思ってるわけではないものの、家族としての感情はちゃんとある」というその言葉は印象的でした。

## 家族旅行は大切な「決まり」

お母さんにとって、家族旅行は家族全員で過ごすための大切な「決まり」でした。自らの決断で休みには必ず家族で旅行をすることにしていたのです。「私が勝手に決めていることなんですけど」と、笑って話していたのが印象的でした。

日々、たすくの送り迎えはありましたが、ゆうみに十分に関われなかった日常を補うため、家族全員での旅行を大切にしていました。ゆうみに英語を教えたかったという意味もあり、「海外旅行」には特別な想いがありました。

当時、国内では発達障害に対する理解がまだ十分ではなく、たすくがパニックを起こすたびに周囲から冷たい目で見られました。海外ではむしろたすくに対して温かく対応してくれる人々が多く、家族にとって「地元よりもいい」と感じることが多かったようです。「今考えればよく行ったなって思う」と振り返るように、海外での旅行は大変な部分も多かったものの、家族全員にとって大きな意味のある経験でした。

お母さんの根底には、ゆうみへの想いが強くあったようです。たすくのことでゆうみには「諦めさせたくなかった」「何もできない夏休みにしたくなかった」と話していました。

お母さんからはその海外旅行で起こったこともお話しいただきました。羽田空港で事件がありました。たすくにとってアナウンスの音が特に問題だったようです。空港の「ピンポンパンポン」というアナウンス音が、たすくにとって非常に刺激が強く、他にも雑踏や人混み、空腹が重なると、不機嫌になりやすかったと言います。

羽田空港では、一度ビジネスマンに飛びかかってしまったことがありました。そのとき、たすくは小学6年生か中学1年生くらいで、まだ小柄でした。最初は警察を呼ぶぞというような感じだったそうですが、幸いにも相手は子どもだと理解してくれて、事情を説明すると納得してくれたそうです。

アメリカではその反対のことが起きました。たすくがパニックを起こした際、両親が彼を支えながら落ち着かせようとしたところ、その場面が周囲には「児童虐待」のように誤解されてしまい、両親に対して職務質問されるようなことがあったのです。

たすくを抱きかかえ、パニックを抑えようとしていた両親に対し、目つきの鋭い私服刑事のような男性が強い視線を送ってきました。最初は何も言わなかったものの、三度目のパニックの際に近づいてきて「どうした？」と尋ねられました。状況を説明すると理解はしてもらえたものの、その後も注意深く見守られたそうです。

現在は、国内の空港で外からの音や視覚の刺激を減らし、リラックスできるグッズなどが置かれたカームダウンエリアの設置が進められています。空港だけでなく、公共機関等でも設置が検討されていたり、実際に設置されてきています。

また、国内のドラッグストアや動物園、水族館などでは感覚に過敏のある方でも安心して買い物や見学ができるようＢＧＭをなくしたり、照明の明るさを落としたりし、過ごしやすい環境を整えるクワイエットアワーの取り組みが進められています。

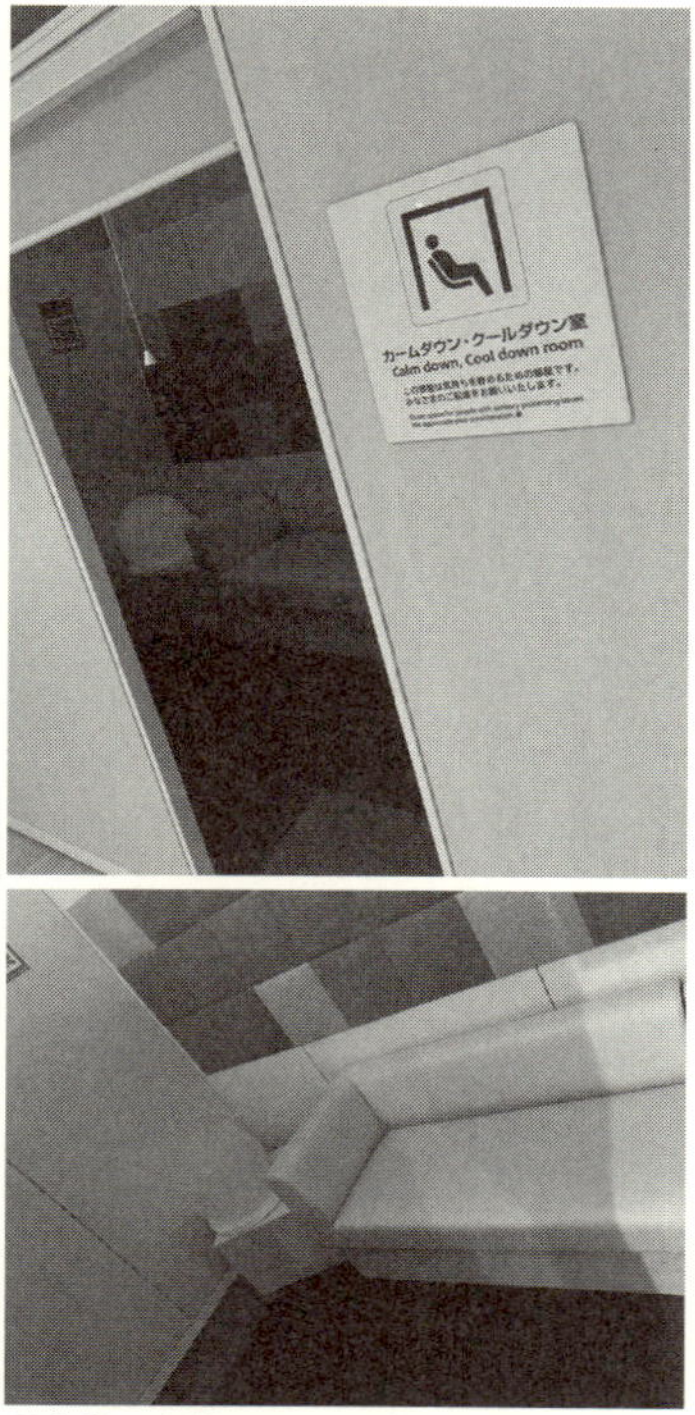

写真⑦　空港のカームダウンエリアの一例

## 予測不能なパニック

たすくは、ガヤガヤした騒音が苦手であるため、ショッピングモールもやはりダメでした。近所のショッピングモールでひっくり返ってしまって、しばらく落ち着かなく、店員さんにも何度も「大丈夫ですか？」と声をかけられ、抱えようとしても振りほどかれて暴れるような状態が多かったそうです。

たすくのパニックが始まると、体が火事場の馬鹿力のようになり、大人でも抑えきれないことが多かったと言います。お母さんは、「夫と一緒に対応しても、ゆうみがポツンと取り残されてしまうんです。もう本当にどうしていいかわからない。たすくに対してもどうしていいかわからないし、社会に対しても、自分がどう行動していいかもわからなかった」と振り返ります。

たすくがパニックに陥ったときには、クールダウンできるエリアを探して走り回らなければならないことが度々ありました。飲食店街や授乳室近くの静かなスペースが、そうしたときの避難場所としてよく使われていたようです。

お父さんも、家族でのショッピングや外出でも多くの困難があったと言います。それでもゆうみが「行きたい」と言えば、どうしてもその願いを叶えてあげたかったそうです。お父さんは、たすくが外出先で不機嫌になり、パニックに陥るのを防ぐため、食事は5分で急いで済ませるなど、できるだけトラブルを避けるために対応していました。とにかく、ゆうみの食べる時間を確保してあげたかったそうです。

お母さんからは、「パニックになる起点って、わかりそうでわからないんです。もしわかっていれば、何とか対処できるんですけど、実際には突然来るんですよね」と言います。その起点となるものは、予測することが非常に難しいと言います。

その日調子が悪いかどうかを判断して外出を控えることができればよいのですが、飛行機の予約などがあると、どうしても出かけなければならないこともあります。そこでお母さんは、たすくが安心できるものをできる限り準備して、できる限りの対策を取ることにしていました。例えば、たすくの好きな食べ物や飲み物、いつも持っているポケモンの人形をリュックに入れておきます。さらに、何日も前からスケジュールを説明し、ホワイトボードに予定を書き出して視覚的に示していたと言います。

それでも、何かの瞬間にスイッチが入るともう止められない状況になることが多かったそうです。お母さんは、たすくが何かに対して特定の過敏さを持っていたのではないかと感じていますが、今でもその原因ははっきりしていないとのことでした。

「今は、たすくも普通に生活していて、あの頃のことが嘘みたいにケロッとしている」とあの頃のことを不思議な気持ちで振り返ります。

## とにかく耐える時期

感覚の過敏さに関しては、現在ではある程度、得意な部分や苦手な部分が明確にわかるようになってきています。例えば、「これには触りたがる」「これには敏感に反応する」ということが、さまざまなアセスメントを組み合わせることで、ある程度は把握できるようになりました。しかし、たすくが幼い頃は、そこまで細かく分析できていなかったのです。

自閉症の人たちには、ショッピングモールのような場所が苦手な人がいます。刺激の多さや、どこから音が出ているのかわからないこと、どの方向を見てもカラフルで、どこに注意を向ければよいのか迷ってしまうという感覚があります。さらに、匂いなどの臭覚の過敏さなども混ざり合い、そうした環境は苦手な要素がパッケージ化されたような場所になっています。

自閉症の人たちの発達を見守る中で、多くの場合、10歳前後まで発達の伸びが見られ、その後一度停滞期に入ることがあります。この時期は、ちょうど思春期とも重なり、発達が難しくなることがよく見られます。これは、たすくのケースにも当てはまり、現在はその停滞期を越え、もう一段階成長している状態だと見ることができます。

思春期は、体や心の変化が自分自身では理解しづらい時期です。たすくの場合、知的な遅れがあることもあり、自分の身体に何が起こっているのかを認識するのがさらに難しかったのです。感覚の過敏さも相まって、小学校時代よりもパニックが起こりやすい状態が続いていました。

私は今の仕事になってから、特別支援学校の先生方には、この中学部段階では「現状の力を維持することに全力を尽くす」という考え方をお話ししています。つまり、小学部までに培った力を中学、高等部の初期まで維持することを目標にして、力を落とさないように努めます。その後、成人期に向けて再び成長を促すのです。

お母さんがこの時期を「暗黒時代」と表現するように、この時期を経験するのは、たすくに限ったことではありません。中学校時代にこの暗黒時代を乗り越えたご家族は多くいます。

つまり、中学校時代は「耐える時期」だと考えています。この時期を乗り越えれば、必ず状況はよくなると思います。

## 医師としての父の涙

たすくの中学校時代のお父さんの様子についてお母さんからこっそりとお話しいただきました。

お父さんは、たすくの小学校時代にも、いろいろと努力を重ねていました。『ペクス（PECS）』[註3]という絵カード交換式コミュニケーションシステムが日本で紹介されたとき、東京まで行って学んだりしていました。「(開発者である）アンディ・ボンディのトレーニングを直接受けたのは、俺が最初だ」と言っていたくらいだそうです。

それで、たすくが自分の欲しいものを自分から言えるようになったり、コミュニケーシヨンが少しずつ進歩してきた時期がありました。しかし、思春期に入ると、たすくの成長が停滞し、これまで積み上げてきたものがすべて止まってしまったかのように感じられるようになったのでした。

それまで日常の中で少しずつ成長を感じていたことが、全く喜びにつながらなくなってしまいました。「諦めるわけじゃないけど、この先本当にどうなるんだ」と夫婦で不安を抱えていた時期でもありました。

ここからは、その当時のことをお母さんの言葉でそのままお伝えします。

うちの夫も、「もうこれはダメかも」と思っていたようです。
最近になって話してくれました。私も初めて聞いたんです。
たすくを特別支援学校（高等部）に送り出すとき、寄宿舎に入れるじゃないですか。
そのとき、最後のお風呂でたすくの体を洗っているときに、夫がこう言ったんです。
「自閉症を治してあげられなくてごめんね」って。

お風呂の中で夫が泣いたと聞いて、私も驚きました。彼もそんな風に思っていたんだな、と。この子をせめて社会的に何とかしようと思っていたけど、それもできなかった、と感じて絶望していた時期だったんです。本当に、社会のお荷物になっていくんじゃないか、自分たちにとっても一生このまま面倒を見なければいけないんじゃないか、と。先が見えない、人生を諦めるというわけではないんですが、何とも言えない感情しか思い出せないというか…。

今は、楽しい生活を送っているので「あのときなんだったんだろう」と思うこともありますが、あの頃は本当に辛かった。

渦中にいるときには、将来がどうなるかなんて全くわからないんです。みんな同じだと思います。健常の子どもを持つ親御さんだって同じなんですよね。例えば、男の子って家の壁に穴を開けるくらい暴れたりすることもあります。たすくの場合、言葉がない分、さらに辛かったというのが正直なところです。

時々、「誰かがそばにいてくれたら、もう少し楽だったのかな」と思うこともあります。でも、誰かがいたところで、「将来は明るくなる」という保証なんてなかったので、たとえ励ましの言葉をかけてもらったとしても、それを「気休め」としか感じられなかったかもしれません。

だから、今振り返ればいろいろ思うところがあるけど、当時は何をやってもどうにもならなかったのかなという感じもします。

ただ、もし今のたすくのように生き生きと生活している姿を見せることができれば、少しは「明るい未来があるかも」と思ってもらえるかもしれないですね。

[註3] ペクス（PECS：Picture Exchange Communication System）ＴＥＡＣＣＨの延長線上に開発されたプログラムの一つ。視界優位性に合わせ、絵カードを用いてコミュニケーションを支援する。

## 寄宿舎生活のスタート

中学校時代の厳しい時期を終え、高校選びに関してお母さんは、特に「寄宿舎のある特別支援学校」にたすくを入れたいという強い希望を持っていたようです。中学校時代に、自閉症の子どもを持つ親の会に参加し、そこで他のお母さんたちから、寄宿舎生活を通じて身辺自立が劇的に改善されるという話を何度も聞いたからです。

お父さんは、たすくが親元を離れて寄宿舎に入ることについて、複雑な思いを抱いていました。お父さん自身も高校1年生の頃に親元を離れ、下宿生活を経験したため、たすくも寂しい思いをするだろうと感じていたのです。「可哀そうだな」「申し訳ないな」という気持ちが強かったと、その心境を語っておられました。

ですが、お父さんもこの寄宿舎生活での集団生活を今振り返ると、たすくにとって非常に大きな影響を与えたとおっしゃいます。たすくには、周りをよく観察し、自然と他の人に合わせることができる性質があったと感じています。寄宿舎では、４人部屋で他の子どもたちがやっていることを見て、自分も同じように行動しなければならないと感じたのかもしれません。例えば、服を脱いだらきちんと畳んでタンスにしまうといった習慣も、周囲の影響で身についたのだろうと推測しています。

私としても、特に知的障害のある子どもたちにとって、社会性を身につけるためには、集団生活が必要なステップなのではないかと考えています。

もちろん、すべての子どもにとって、これまでの自宅での生活とは大きく異なる大人数での集団生活がすぐにうまくいくわけではありません。ただ、たすくにとっては、非常に大切な経験だったのは間違いありません。

たすくが寄宿舎生活から戻ってきたときの変化は、お父さんが語るには、食生活の改善のみならず、コミュニケーション能力が大きく向上していたことが挙げられます。たすくが自分の要望を伝える力がついていたという点です。自閉症の子どもにとって、自己表現や希望を伝えることが非常に大切であり、その成長が見られたのは家族にとって大きな安心材料だったと言えるでしょう。さらに、生活全般が安定し、パニックが少なくなってきたことについても、お父さんが強調しています。

ただし、このように寄宿舎生活ができる学校は自宅から1時間半以上離れており、週に5日間通った後、金曜日に迎えに行き、日曜日の夜に舎へ戻るという往復3時間以上の運転が必要でした。お母さんもそれは「過酷だった」と振り返りますが、周囲から「それだけの価値がある」と言われたことが、決断を後押ししたようです。

「特別支援学校（高等部）」は、選択肢が限られていましたが、たすくの実態や将来の目的に合った2つの学校がありました。特に、学校説明会で先生方の話を聞いて、支援が合った学校を選ぶ決意が固まったそうです。

たすくの高校選び自体は、比較的スムーズでした。ただ、学校自体は決まっていたものの、学科選びや定員の問題が悩みどころでした。

また、「入学者選考」といっても、通常の筆記試験はなく、体力テストや集団の中での指示をどのように受け取るかを見る選考が行われました。さらに、一対一の面接もありました。「どうしてこの学校に入りたいのですか?」「何を頑張りたいですか?」といった質問がなされましたが、当時は何を基準に見ているのかよくわからなかったそうです。試験は2日間にわたり、少し長く感じたとのことですが、無事に終えることができました。

たすくが特別支援学校に進む際、彼が志望していた学科は、学校内で障害の程度が重い生徒たちが集まるクラスでした。しかし、その学科は非常に人気が高く、たすくは第一志望に入れませんでした。そこで、第二志望に選んでいた窯業科、つまり陶芸を学ぶ学科に入ることになりました。

お母さんは、たすくがその学科に入って「また一番下になるのではないか」と不安を抱えていました。できないことが多く、クラスで苦労するのではないかという心配があり、合格したときも不安と期待が入り混じった、ドキドキした気持ちで迎えたとのことです。

たすくが高等部に入る頃には、思春期的な影響からパニックになることは少しずつ減ってきていたようです。しかし、嫌なことがあると、それを「やりたくない」「嫌だ」と言葉で表現することができず、体で反応してしまうことがまだありました。

お母さんは、その様子を振り返りながら、特に寄宿舎に送っていく車の中での出来事が忘れられないと話します。

「最初か2回目のときだったと思うんですけど、後ろの席に乗せていたはずなのに、突然暴れ出して、荷物置きのところまで行っちゃってたんです。車内で大声を出して騒ぎ始めて、急に路肩に止めることもできず、私もどうしていいかわからなくなりました。こんなに嫌がっているのに、この子を寄宿舎に連れて行かなきゃいけないのか。どうしよう…」と悩んだとのことでした。

## 寄宿舎生活がもたらした集団生活のチカラ

たすくの中学校時代は、食べることに関しては、無理強いをするのは虐待とみなされるリスクがあり、基本的にたすくのペースに任せる形で進められていたとのことです。しかし、特別支援学校の寄宿舎に入ってからは、3食の食事が提供され、みんなと一緒に食べる環境に変わりました。

寄宿舎生活では、食べないと体力が落ちてしまうため、自然とある程度の食事指導が行われましたが、お母さんは「みんなと一緒に同じものを食べることがよかった」と話します。他の子どもたちが美味しそうに食べている姿を見て、たすくも少しずつ興味を持ち、食べられるものが増えていったのです。家では、どうしても好きなものや食べられるものばかりが出ていたため、集団生活が大きな役割を果たしたのだと言います。

また、寄宿舎の仲間たちや先生方にも恵まれ、特に若い男性の先生方が優しく接してくれたことも、たすくがストレスなく過ごせた一因だったとお母さんは語っています。

お母さんは、たすくは寄宿舎生活で本当に大きく変わったと感じています。特に、親ではなく「仲間的な存在」の先生や友達が、たすくにとってよい影響を与えたようです。

たすくが寄宿舎で過ごしていた4人部屋では、学年がバラバラの子どもたちが組まれ、お互いに助け合いながら生活をしていました。お母さんは、たすくが中学校から一緒だった優しい男子と同じ部屋になり、その子のサポートも受けることで、たすくが少しずつ他者の言葉に耳を傾けるようになったと話していました。

その男子の助けがあったことで、たすくは寄宿舎での生活に順応していきました。また、寄宿舎には担当の指導員がいて、できないことをサポートしてくれる環境も整っていました。

寄宿舎では、シーツの交換やベッドメイキング、洗濯など、日常生活のスキルがすべて身につき、自分で行えるようになりました。家では、自分がやった方が早いということもあり、どうしても親がやってしまうので、こうした経験は貴重でした。寄宿舎での生活リズムが身についたおかげで、現在では自分で洗濯機を回し、洗濯物を干し、畳んで片付けることまでできるようになったと語ります。生活力が劇的に変化したことがわかります。寄宿舎の仲間たちや先生方の支援を受けながら、たすくは少しずつ自立し、生活のリズムを整えることができたのです。

お母さんは、たすくの寄宿舎生活が始まったことで、家庭の生活が一変したと感じています。周りからも、寄宿舎生活で少し解放されることを「人生のバケーション」と噂されるほどだったと言います。特別支援学校の先生方からも、「お母さん、これを機に旅行に行って、楽しんでください」とアドバイスされることもあるくらいだそうです。それほどまでに寄宿舎生活が親にとって大きな変化をもたらすと言われています。ただ、お母さんの場合、たすくには双子の妹ゆうみが家にいたこともあり、当時は完全な解放感は得られなかったと笑って話していました。

さらに、金曜日と日曜日にはお母さんが一人で片道一時間半の運転もし、たすくの送り迎えをしていたため、それは決して楽なことではありませんでしたが、たすくの成長やポジティブな変化を感じられたことで、この時間は充実していたと感じているようです。たすくを迎えに行くことも楽しみであり、寄宿舎から帰ってくると楽しそうに過ごし、寄宿舎に戻るときも、少しだけ寂しそうにしながらも、嫌がることなく行くようになったそうです。

この3年間の寄宿舎生活は、たすくにとっても家族にとっても非常によい経験だったとお母さんは振り返り、「もしこの寄宿舎生活がなかったら、あの暗黒時代のままでどうなっていたかわからない。家族だけで生活していたら、たすくの成長は難しかったかもしれない」と心から感じていました。

地方都市であれば学区が広域にわたるため、特別支援学校の数が限られていることもあり、遠方から多くの生徒が通っています。一つの学校が100キロ、時には200キロも離れた地域をカバーすることもあるため、遠方に住む生徒や、そのご家族にとっては毎日の通学が難しい状況です。そのため、学校の隣には寮のような寄宿舎が併設されており、週末のみ自宅に帰るというシステムになっています。

大都市部では、学校の校区が通学可能な範囲に設定されているため、寄宿舎が必要となるケースは少ないのではないかと思います。

特別支援学校の先生方と話をすると、寄宿舎での生活が、日常生活や身辺自立を大きく進展させると多くの先生が口をそろえます。寄宿舎で生活する子どもたちは、自分で服を着たり、洗濯をしたり、歯を磨くといった日常的なスキルを身につけていきます。

例えば、地域の小中学校の特別支援学級から特別支援学校に入ってくる子どもたちの場合、家庭での生活が中心であるため、親の手を借りながら日常を過ごすことが多く、洗濯や服を自分一人で着ることを経験していない子が少なくありません。そのため、特別支援学校に来ても、自分で服を着るのに苦労する場合があるそうです。

一方で、寄宿舎に入っている子どもや特別支援学校に小学校1年生から通っている子どもたちは、そうした基本的な生活スキルがしっかりと身についていることが多いのです。彼らは自分で洗濯機を回したり、掃除をしたりすることができるようになるため、先生方も寄宿舎の存在に対して前向きな意見を持っていることが多いのです。

もちろん、これには、さまざまな意見はありますが、寄宿舎で培われたスキルや「生きる力」は非常に重要だと考えられています。

校区が広域に及ぶ北海道の特別支援学校の多くには寄宿舎があります。学校に通うために月曜日から金曜日の平日は寄宿舎で生活を送ります。金曜日に学校を終えると自宅に帰り、日曜日の夕方にはまた寄宿舎に戻るという生活です。遠隔地から特別支援学校小学部に就学すると、1年生から寄宿舎生活が始まります。寄宿舎は日常生活を送るための力を培う場でもあります。寄宿舎指導員が、規則正しい生活習慣を身につけることはもちろんですが、身の回りのこと、洗濯や清掃について丁寧に指導し、自立的な生活が送れるようにサポートします。

たすくの場合は、小中学校は地元の学校に通学し、その後で特別支援学校へ通いました。15歳から寄宿舎生活がスタートしたことになります。これまでの自宅での時間の使い方、家族との時間から集団生活へと大きく変わりました。

## ゆうみが選んだ道

ゆうみにも高校生時代のことを振り返ってもらいました。

たすくが寄宿舎に入っても、お母さんがたすくのサポートに多くの時間を割かなければならない状況だったため、高校時代の部活動やイベントなどには参加できないことが多かったと言います。特に、発表会やコンクールが土日に行われることが多く、そのタイミングでたすくが帰宅していたため、どうしても参加が難しかったようです。

ゆうみは、自分の部活動の発表会やミニコンサートを母に見に来てほしかったものの、現実的にそれが叶わなかったことで、親を独り占めできた感じはなかったと振り返ります。ゆうみは家族の経験を振り返り、特にたすくが寄宿舎に入ったことについて重要なポイントを語っていました。彼女は、寄宿舎での経験があったからこそ、たすくを今のグループホームに送り出す際にもスムーズに決断できたと感じています。

「もし高校で寄宿舎生活を経験していなかったら、グループホームに出すということは、家族にとって非常に高いハードルだったはず」と、ゆうみは述べています。たすくを家から送り出すという決断は、家族にとって大きな葛藤が伴うものであり、一度も家を出たことがない状況で最終的にどうすればよいのか悩むことは、福祉の現場でもよく見られる課題だと言います。

ゆうみは大学時代、特別支援教育の勉強を始めました。その中で、「自分はきょうだいや家族のことを何も知らない」という「プチショック」に直面しました。きょうだいであるたすくのパニックを目の当たりにしていたものの、内面やその世界についてはほとんど理解していないことに気づきました。それゆえに、「きょうだいというよりは、もう少し遠いところにいる」という感覚が強まり、双子でありながらも距離感を感じていたそうです。

ゆうみは、実はその当時、お父さんと非常に親しく、何かあれば真っ先にお父さんに相談していたと話します。ゆうみは幼い頃から物事を深く悩むタイプで、繊細な気質を持っていました。そのため、父親は彼女にとって大事な理解者であり、欲しい言葉をかけてくれたり、お父さんの経験談がゆうみにとって大きな支えとなっていたようです。

そういったこともあってか、ゆうみは、一度はお父さんと同じ道を目指すことも考えたそうです。「父がたすくを『治したい』と思っていること」を知っていて、さらにその難しさを理解していました。医学的にはまだまだ未知の部分が多く、「その分野を自分が研究して解を見つけるのは不可能だ」と感じたのです。彼女は、自分の能力では医師になることは難しいと判断し、次第に福祉や教育の道をぼんやりと考え始めました。それが特別支援教育に進むきっかけの一つとなったのです。

ゆうみは結果的に教師の道を歩みます。決して「先生になりたい」と強く感じていたわけではありません。大学では主に学習障害を研究し学んでいたものの、教師として働くことに対する強い意志はありませんでした。

それでも、お母さんから背中を押される形で、教師の道に進むことになりました。彼女自身は「ちょっと線路に乗ったような感じ」と振り返り、きょうだいがいたから教師になろうと決意したわけではなかったと語ります。でも、やっぱり自分のきょうだいのことを全くわからないし、たすくのいる世界のことを知ってみたいという強い気持ちがそこにはありました。

お父さんは、ゆうみが教育大学に進学を決めたとき、その進路選択について深く考えたようです。医師としての道を進むことに対して期待を持っていた様子がうかがえますが、ゆうみが教育大学を選んだ際には、「本当にそれでいいのか?」と尋ねたそうです。

お父さんとしては、教職もやりがいのある仕事であると理解しつつも、もしもたすくの影響で選んだ進路であれば、後々後悔する可能性があるのではないかと心配していたのです。だからこそ、本当に自分がやりたいことを選ぶべきだと、ゆうみにはアドバイスを送ったのでした。

結局、教師の道を選んだゆうみは、その当時のことを振り返って次のようなコメントをしてくれました。

郡司先生は、私が特別支援の教員を目指すことに対して、やんわりと反対していました。その理由の一つは、たすくが受けていた支援の裏側を知ってしまうことが、私自身にとってあまりよくないのではないか、ということでした。

特別支援教育を相当する教員の中には、必ずしも熱い思いを持った教員ばかりではないというさまざまな現実を知ると、私も少し不安を感じました。私は特別支援学級担任を希望していましたが、学校事情もあり数年間で担当できたのは1回だけでした。

それでも、私は特別支援教育に興味を持ち続けていました。特に家族支援やきょうだい支援に強い関心があり、自分にしかできない部分を生かせるのはこの分野だと思っていました。

最初から完璧な知識がなくても、保護者と一緒に勉強して進んでいくという姿勢を郡司先生から学んだことが、私にとって大きな励みでした。たすくの先生の姿を見て、「自分もこんなふうにやれるかもしれない」と思えたことが、教員を目指す大きな一歩となったのです。

先生は、すべてを知っているわけではなく、一緒に歩幅を合わせて進んでいく姿勢を持っていました。その姿を見て、「最初からすべてを知っていなくてもいいんだ」

と安心することができました。この「同じ歩幅」で歩んでいくという考え方が、私にとって教師としての道を進む上で非常に重要なものでした。

また、たすくの先生たちも全員が熱心だったわけではありませんでしたが、その中でも、先生のように「同じ目線で歩いてくれる」先生に出会えたことは、私にとって非常に大きな意味がありました。

教員としての歩みを振り返ると、そうした出会いのおかげで、結果が出なくても一緒に頑張ることができるという意味では、私にとって「よい仕事だった」と感じています。

やはり、教育においては、結果を求めること以上に、同じ歩幅で歩き続けること、共に学び成長することが大切なのだと実感しています。私は運がよかったと思いますし、同じ目線で歩んでくれる仲間や先生に恵まれたことが、この仕事を続けていく原動力になっていました。

私自身としては、ゆうみが特別支援教育の道を選んだと聞いたとき、正直に言えば心の中で少し「失望」するくらい何とも言えない思いを抱いていたことを覚えています。それは、彼女が現場で見てしまうネガティブな「現実」も知っていたからです。

特別支援教育や福祉の分野に進むきょうだいは少なくありませんが、その多くが現実とのギャップに直面し、ショックを受けることがあります。私の周りでそんな姿を何度も見てきたので、ゆうみには、「なぜわざわざそんな辛い世界に入っていく必要があるのか」と感じていました。

特に私が危惧していたのは、たすくの家族と私のような距離感で仕事をする人間は、それほど多くいないことです。なので、それを彼女が求め出すと、現場に対して幻滅するだろうなと思っていました。つまり、私自身が目指したような保護者と共に歩むやり方を理想として突き詰めてしまうと、現在の教育改革との方向性の違いとも合わさり、きっとうまくいかずに心が離れてしまうのではないかということです。

ゆうみのたすくに対する気持ちは理解していましたので、彼女の選択を否定はしませんでした。しかし、特別支援教育の現場を知ってしまうことで、彼女が受けるかもしれない失望を思うと、別の道を選んでほしいとどこかで願っていました。もちろん、それでも、最終的にゆうみが自分の道として選んだ以上、私は彼女をサポートしていきました。

コラム 3

# 親の障害受容

　親が子の障害を告げられてから、それを受け止め、受け入れ、再起に向かうまではDroter(1975)が示したプロセス（①ショック②否認③悲しみと怒り④適応⑤再起）を一方向の順序で平坦に進んでいくようなものでは決してないと言われています。

　そこに、中田（1995）がいう障害の肯定（適応）と障害の否定（落胆）を繰り返し繰り返し経験し、受け入れていくという螺旋状のプロセスを経ていく「障害受容の螺旋状モデル」があり、教師（支援者）はそのプロセスの全容を掴むことはもちろん難しいのかもしれませんが、一つでも理解しておく必要があります。

　小学校への入学は、障害のある子ども本人にとって非常に大きなトピックであると同時に、その保護者にとってはそれ以上に大きなトピックなのです。

　何気ない日常の会話を交わす際には、朗らかに接してくれる保護者であっても、ここに至るまでにどのような苦難のプロセスを経てきて、そしてこの後にどのようなプロセスがあるのかを具体でイメージし、そこに思いを馳せることのできる支援者でありたいと思います。

　そして障害の受容は、今、目の前の保護者が肯定しているからもうずっと肯定なのではなく、肯定（適応）と否定（落胆）を繰り返していくことを知っているか否かで、保護者への向き合い方が変わります。

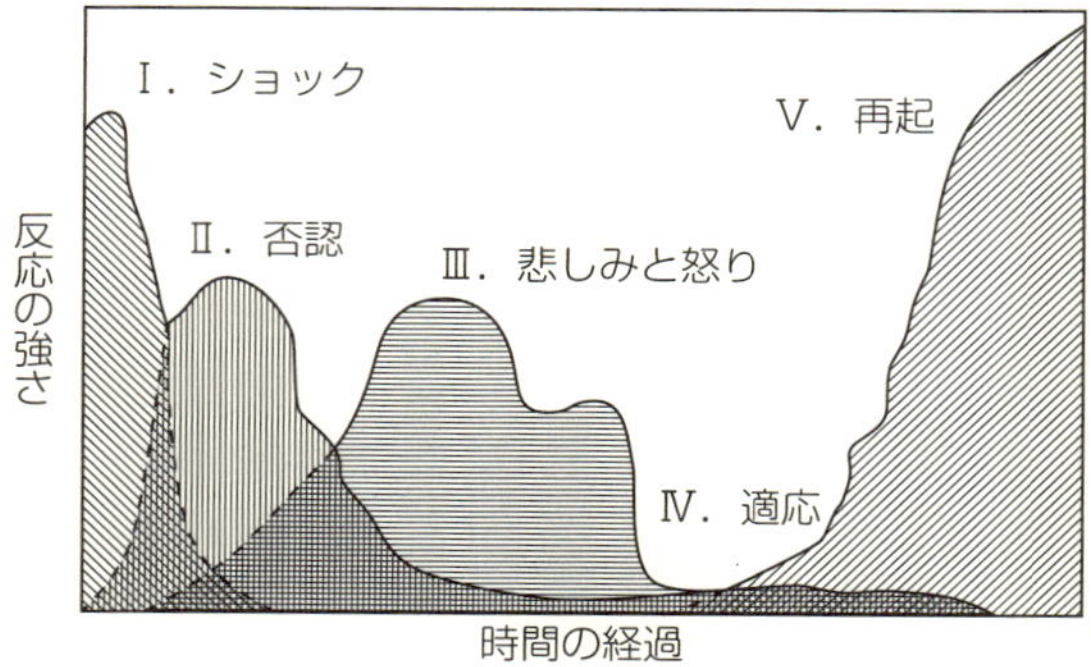


図5　先天奇形を持つ子どもの誕生に対する正常な親の反応の継起を示す仮説的な図
ドローチーら（1975）

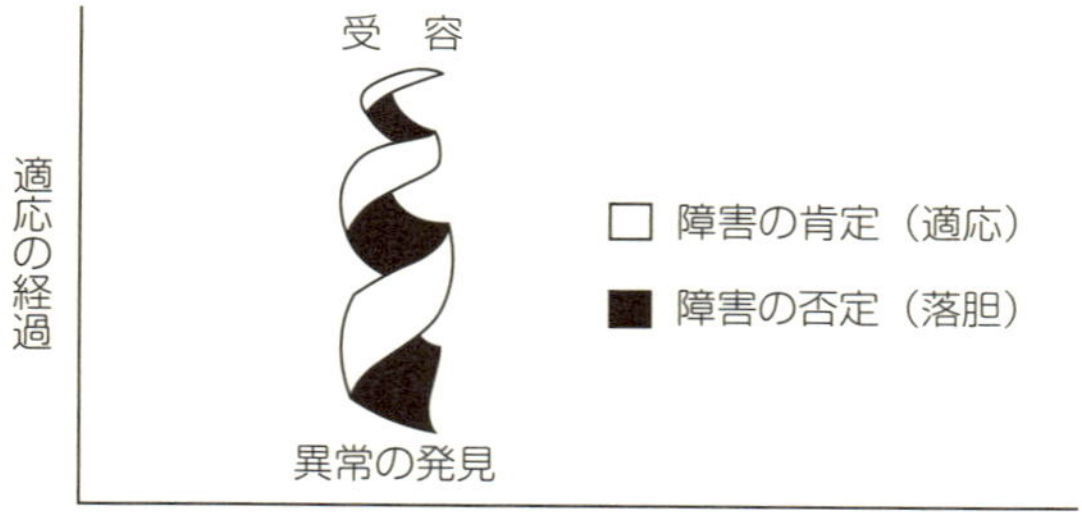


図6　障害受容の螺旋形モデル（中田，1995）

中田（1995）は「慢性的な悲哀」と表現しているのです。私はここの理解が不十分で、保護者の思いを十分に汲み取ることができずに何度も失敗をしてきました。

良かれと思い発した一言で、保護者を何度も傷つけてしまいました。ですから、これからの教師（支援者）のみなさんにはぜひこのことは知った上で、保護者、ご家族を支えていってほしいと願っています。

第4章

# 30歳のたすくの「今」

## きっかけは児童デイサービス

今、たすくが働いている「かたるべの森」という施設は20年以上前に設立されました。お母さんは、たすくが小学生だった頃に、初めてその代表の方の講演を聞く機会があったそうです。その講演がすごくよかったと記憶されています。

「かたるべの森」があるのは小さな隣町です。小さい町ではありますが、町をあげて社会福祉を応援する雰囲気があったそうです。町長の肝いりで、芸術活動の推進やコンサートホールの建設といった夢が強調されていました。お母さんは「こんなに多くの理想が実現できるのだろうか」と感じつつも、その意欲に期待していたようです。

ちょうどその頃、「かたるべの森」で児童デイサービスがスタートし、たすくの小学校まで迎えに来てくれるということで、お母さんはこのサービスを積極的に利用することにしました。これにより、学校以外にもたすくをサポートしてくれる存在ができたことに、非常に感謝しているとのことです。

振り返ってみると、この児童デイサービスが始まったことが、たすくと家族にとって非常に大きな転機となり、「この施設がなければ今を考えられない」とお母さんは語っていました。小学校3年生のときにこのサービスが利用できるようになったことが、たすくの成長やご家族の生活に大きく寄与したのです。

お母さんが語っていたのは、もし「かたるべの森」の児童デイサービスがなかったら、お母さん自身が働くという選択肢を持つこともなかっただろう、ということでした。

また、このサービスがあったからこそ、お母さんは社会福祉の現実、例えば、たすくのような子どもたちが大きくなったときにどういった場所で働くのか、どのような施設で暮らすのかといった将来像を少し垣間見ることができたのです。特に、グループホームの話を聞く機会があったことは大きかったと語っていました。

偶然ではありますが、この施設との出会いが大きな転機となりました。高校3年生までの間、デイサービスを細々と利用してきたことが、たすくを理解してくれる就労先として「かたるべの森」を選ぶ決定打となったのです。

## なんとか実現した就労

特別支援学校を卒業した後、就労の形態はさまざまです。中には、福祉的な支援を受けつつも、しっかりとお金をもらいながら働くことができる人もいますが、たすくの場合はそうではありませんでした。たすくの場合、生活介護という形態が中心になり、基本的には支援を受けながら、仕事も少し行うという形になっています。お母さんは、たすくができる範囲で社会参加をしていくことを見守り、彼に合った形での就労を実現していきました。

進路については学校側からの提案があります。特別支援学校では入学当初から、将来の進路について相談があり、たすくの力に応じた選択肢が提示されました。その中で、児童デイサービスからの延長として「かたるべの森」も就労先の一つとして見学が勧められました。お母さんは他の施設も見学したものの、同施設が最も適した選択肢であると考えていました。

高校2年生では2週間の実習、高校3年生では1ヶ月の実習を経て、たすくは「かたるべの森」での就労を目指していました。しかし、3年生の1ヶ月間の実習中に、たすくは頻繁にパニックを起こし、現場のスタッフからは「人手が足りず、対応が難しい」という声が上がりました。この時点で9月になっており、進路を再考するには遅すぎる状況でしたが、施設の代表者がたすくを受け入れると決意し、現場と話し合いを重ねた結果、週に2回お母さんと一緒に通う形で、少しずつ慣らしていくという方向で話は進められました。

この過程で、長年通っていた「かたるべの森」での就労が実現したものの、就労までには多くの困難があったことが、お母さんの言葉からも感じられます。

たすくが「かたるべの森」で働いている契約は、賃金を得るというものではなく、国の制度によるサポートを受けた形になっています。生活費などもあるため支払いもありますが、たすくが障害者年金を受け取っているため、親が持ち出しているわけではないとのことです。親が経済的に支えるという形ではなく、施設との契約の中で支出を調整している状態です。

## 同じ人間だとは思えないほどの成長

たすくは「かたるべの森」で働くようになり、徐々に成長していきました。それにはやはり、たすくにとって大きな支えがあり、若い支援員の方との相性が非常によかったことが大きいと言えます。お母さんによると、その支援員の方は、たすくの性格や状態に合ったやり方を見つけ、うまく対応してくれたとのことです。また、当時、社会福祉における研修や支援制度が大きく進展していた時期であり、自閉症に対する理解やパニック対応についてしっかりと研修を受けていたため、より効果的な支援が提供されるようになっていました。

特に、パニック時の対処法については、支援員の方々が事前に話し合いを重ね、一つひとつ問題をクリアしていったことが、たすくの成長に大きく寄与したと言います。手厚いサポートがあったことで、安心して生活できる環境が整い、たすくも徐々に慣れていったようです。

生活面では、施設の食事を食べることも課題の一つでしたが、半年ごとのアセスメントを通じて、少しずつ克服することができました。学校生活とは異なり、短期的な目標設定が縛られず、長期的な目標に向かい現状の課題に丁寧に取り組んでいくので、「親として肩の力が抜けた」と話していたのが印象的です。そこでは、スモールステップの積み重ねが重要になってきます。例えば、「少しでも多くの食べ物を食べられるようにしよう」「疲れたら自分で休憩を申し出る」といった小さな目標が設定され、それがたすくには非常に合っていたのかもしれないと言います。

たすくは、これらの小さな目標を一つずつクリアしていくことで、自分自身のペースで進んでいくことができるようになりました。


結果的に昼食もほぼすべて食べられるようになるなど、確実な成長を遂げたのです。寄宿舎の頃は嫌いなものを残すことが多かったのですが、今では生もの以外はほとんど食べられるようになりました。例えば旅行で行った旅館の食事でも、事前に相談して火の通ったものを出してもらい、問題なく完食できるようになったとのことです。お母さんも「同じ人間だとは思えない」と驚いていました。

この変化は、たすくが周りの環境や人々の影響を受けながら、少しずつ自分のペースで前進していった結果です。特に周りの人が美味しそうに食べている姿が、彼の食への挑戦心を少しずつ刺激していたのかもしれません。

お母さんの話を聞きながら、私も本当に驚きました。まさか、こんな大きな変化が起こるとは思いもしませんでした。特に食べ物に関しては、大人になってからこんなにも劇的な変化が見られるとは予想だにしていませんでした。味覚そのものの変化だけでなく、たすくが出会った人々との影響が大きいのではないかと感じました。

もちろん、味覚が成長してきた可能性も考えられますが、それだけではなく、たすく自身が体験を重ねる中で口腔内の感覚の調整が少しずつ可能になったことや、視覚的な情報処理が向上し、「これは大丈夫だ」と自ら判断できるようになったのではないかとも考えています。これらの要素が複合的に作用し、たすくにとってポジティブな変化が訪れたのだと思います。

さらにお母さんの話を聞いていると、たすくの変化が映像やドラマを通じて少しずつ進んでいったことがわかります。たすくは、子どもの頃からずっとアニメーションや映画を見ることが趣味でしたが、大人になり「かたるべの森」に入ってからは、実際の生活に近いドラマを楽しむようになったとのこと。「どこまでストーリーを理解しているのかわかりませんが」とお母さんは言いますが、普通の連続ドラマを見て、それを毎週楽しみにしている姿は、今までのたすくとは少し違う部分を感じさせます。

また、ドラマで食事のシーンがよく出てくることが、食生活に影響したのかもしれません。例えば、「味噌汁が好きだ」と言い出したのは、たすくの新しい一面です。それが毎食の定番となるほどになりました。

また、新しい食べ物に対して抵抗を示さず、お父さんが食べているものを見て「それは何?」と聞いたり、「食べてみたい」と自分から言うことも増えてきたとのことです。今では一口試してみる姿勢を持つようになりました。もし口に合わなければ、きっぱりと「もういいです」と言えるようにもなっています。コミュニケーション能力が向上したことも見て取れます。コミュニケーション能力が向上したことで、以前よりも食に対する言語化ができ、食自体への理解が進んだとも考えることができそうです。外の世界や新しい体験に対してオープンになってきていることがうかがえます。「かたるべの森」でたすくが新しい食べ物を試して、「美味しかった」と感じる体験を重ねたことで、成功体験が積み重なり、それが彼の成長につながったのではないかとお母さんは考えています。

## 子育ての「大目標」に到達

たすくがグループホームに入ることは、お母さんにとっても大きな目標でした。お母さんは「親亡き（なき）後も生活できるように」という願いを漠然と抱いており、30歳までにはグループホームに入ることを考えていました。しかし、実際にその機会が訪れてみると、なかなか決断できず、2ヶ月間ほど葛藤したそうです。

そして、たすくが実際にグループホームに入ると、驚くほど馴染み、スタッフの方々からも「まるで何ヶ月も前から住んでいるようだ」と言われるほど順応しているとのことです。お母さん自身も、この適応の早さに驚きつつも、拍子抜けした気持ちがあるそうです。

これまでは、「親がいなくても、たすくが自立してみんなと仲良く生活できる場所を見つけること」が、ハンディのある子育ての大きな目標でした。しかし、それが実現してしまったことで、目標が一つ達成されたという実感とともに、「大目標がなくなっちゃった」と感じているそうです。

「突然、親が亡く（なく）なったときにどう理解するのか」という課題はもちろんありますし、現時点では、週末の金曜日から日曜日までは家に帰ってきているため、それが安心材料になっていて、これがいつまで続くかはわからないとも話していました。ですが、そう話すお母さんの顔には安堵した表情がうかがえました。

お母さんは、子どもを手離すタイミングが非常に難しかったとおっしゃっていました。「40歳前くらいには自立させていかないといけない」とはよく言われているようです。この時期を過ぎると、環境に順応することが難しくなるという考えです。

たすくの場合、すでに30歳近くになり、家での生活が非常に快適なものになっていました。そのため、お母さんは「これだけ居心地がよくなったたすくを、どうやってグループホームに移すのか」という不安を抱えていたと述べています。安定した生活を急に変えることで、たすくの精神的なバランスが崩れてしまうのではないかという恐れがあったからです。

実際、「かたるべの森」のスタッフさんから「いつでも受け入れられますよ」と言われていたにもかかわらず、お母さん自身がその事実を受け入れる勇気を持てなかったそうです。実際に、親自身がその一歩を踏み出せないケースもあるといいます。

## たすくの将来を考える

お母さんに、将来の見通しについていくつかの一般的なケースを語っていただきました。

多くの家庭が考えているのは、自閉症の子どもが成人し、親亡き（なき）後どのように生活を続けていくのかという点です。能力が比較的高い場合、支援を受けながらアパートで一人暮らしをするという選択肢があります。福祉的就労で得た収入と年金を組み合わせれば、生活費を賄いながら、自分で食事の準備などもできるようになるのです。

ただ、たすくのように知的障害のある場合は、一人での生活はなかなか難しいため、数人が共同生活をするグループホームが現実的な選択肢となります。年金を活用して生活をし、就労施設に通うという形で、自立生活を送るしかないと考えていました。

お母さんは、中規模都市では、グループホームへの入所が難しいと感じていました。部屋の空きが少なく、すぐに入所できるとは限りません。以前に放送されたテレビ番組での特集のことも話してくれましたが、親が病気になってから慌ててグループホームを探すと、空きがなく5〜6年待ちという現状が紹介されていたそうです。このような状況では、親が病気になってからでは遅く、早めに準備する必要があるという認識が重要です。

例えばある県では、自閉症の人を100人単位で受け入れるグループホームが運営されており、都市部では見られない大規模な受け入れ態勢が整っています（この状況に対する賛否はここでは議論しません）。こうした施設は、地域ごとに特色があり、特に都市部では、早い段階で自立や半自立の形を整えておかなければいけないと話していました。

さらに、お母さんが強調するのは「老老介護」の問題でした。

「一生は面倒見れないよね」という気持ちは、多くの親が抱える共通の悩みです。

例えば、お母さんが80歳になり、自閉症の子どもが60代になった状況を考えてみます。一緒に住んでいた場合、親が突然亡くなったとき、60代の自閉症の人を受け入れてくれるところはあるのかという大きな課題となります。お母さんが懸念しているのは、障害のある人を老人介護施設が受け入れてくれるかどうかという点です。高齢者の介護施設では、認知症や身体的な問題に対応するのが中心で、障害に特化した支援を提供する施設は限られているのが現状です。


一方でお父さんの見通しとしては、もちろん現時点では、たすくを支援できる間はできる限りのサポートを続けていくのですが、自分たちが動けなくなったり、認知機能が衰えたりすることも考慮して、将来的な準備を進めているようです。最終的には親が先に亡くなってしまうことは避けられない事実であり、その後のことをどのようにしていくかを重要な課題として考えています。

お父さんのプランとしては2つの選択肢があります。まず、節目節目でゆうみにサポートをお願いするという案です。ゆうみ自身は、その役割を担うことについて前向きに考えている様子もあるため、家族で協力し合うことが第一の選択肢とされています。しかし、人生には予期せぬ出来事が起こる可能性もあるため、ゆうみがその責任を果たすことが難しくなった場合には、成年後見人を立てるという二段構えで家族の将来を計画しているとのことでした。

そして、「かたるべの森」を視野に入れた、もう一つのプランについても教えていただきました。基本的には最後まで施設で面倒を見てもらえるそうです。実際に70代まで入居していた人もいるようです。病気になれば入院はするものの、その後また施設に戻ってきて、介護を受けながら生活を続けるようです。施設の方針としては、できる限りそのままの生活を維持していくという姿勢が貫かれています。もちろんですが、著しく規律が守れない場合は相談がなされます。

コラム4

# 思春期の嵐

第3章であったように、たすくの中学校時代を、お母さんは「人生最大の暗黒期」と表現し、子育てで最も難しい時期だったと振り返っています。

上手（2013）は、この時期を「嵐の時期」と表現し、「発達障害のある子にとっては、思春期は特に大きな難関である」としています。

また、佐々木（2010）は、「発達障害／自閉症スペクトラム障害をもつ人が、思春期・青年期を境にするかのようにして、大きな挫折（ひきこもりや非行・犯罪）に至るのは、幼少期からの周囲の誤解や無理解による二次性の情緒障害の累積によることが多い」とし、自閉症スペクトラム障害を持つ人が思春期に大きな挫折に至るものとしてそのメカニズムを解説しています。

岡本ら（2017）は、「身体の変化の受容、性的エネルギーの適度のコントロール、アイデンティティの確立など多くの発達課題を抱える時期」であり、「若者の多くは、葛藤を伴う変化を、仲間と共有することで不安に対処」していくものでありますが、自閉スペクトラム症の人の多くは、「仲間関係を持つことが苦手で仲間との共有や不安の処理をしにくくなる」こと、「衝動性が高い者は、性的エネルギーのコントロールが困難となりやすい」こと、「身体の発達に情緒が伴わない」ことがあることを指摘しています。

知的障害を伴いますので、当時のたすくがいかに混乱の中にいたのかは想像に難くありません。身体的な変化をすぐに理解することは難しいのです。

さらに、理解することと情緒を伴うことはまた別なことです。視覚的に捉えやすいからこそ外見の変化を理解し受け入れ、安定的に向き合うまでに多くの時間を要したものと推測します。そして、周りの人たちがこの状況を理解し支えるには、多くのエネルギーを必要としたのもまた事実なのだと思います。

この時期を「耐える時期」であると言う専門家もいます。これ以前のライフステージにおいて、可能な限り思春期の嵐を乗り越えるための力を蓄える必要があるのです。

ここを耐え乗り越えると、ここから先は30歳頃までに行動は安定していき、さまざまなスキルを身につけ成長していくことを、私はたすくの成長から実感するのです。

〈参考文献〉

岡本百合・三宅典恵・永澤一恵（２０１７）「思春期青年期の自閉症スペクトラム」『心身医』Ｖｏｌ．57、Ｎｏ．１、44-50

佐々木正美（２０１０）「発達障害への理解と対応―思春期をより円滑に乗り越えるために―『脳と発達』第42巻、第３号、Ｐ．１７９-１８３

上手由香（２０１３）「思春期における発達障害への理解と支援」『安田女子大学紀要 第41号、Ｐ．93-１０１

# 第5章

# 「かたるべの森」レポート

## グループホームへ

ある夏の日、私は現在たすくが働き、日常生活の大部分を過ごしている「かたるべの森」を訪問することにしました。たすくが実際に働く姿を見ることはもちろん、彼と小学校時代の児童デイサービスから関わり、彼のことをよく知るスタッフの一人であるウミノさんにお話を聞くことにしたのです。

こちらの社会福祉法人では、障害のある方が50名前後通所しています。自宅から約30名、グループホームから通う方が約20名だそうです。

日中の活動としては、パン工房、木工房、織物工房、陶芸工房、農林業等を就労の場として働いているとのことです（就労継続支援B型、生活介護）。この他の事業として放課後等デイサービス、短期入所、移動支援、日中一時支援、そして共同生活援助があります。共同生活援助がグループホームの運営になり、5ヶ所のグループホームがあります。そのうちの一つでたすくが生活をしています。

また、所有しているギャラリーを利用して絵画創作を行っており、作品が展示されています。

就労してからの数年間は、自宅から「かたるべの森」へ通い、仕事をしてまた自宅へ帰る生活をしていました。そんなある日、一つのグループホーム（以下、「GH」と表記する）で空室ができました。かねてからGHでの生活を頭に描き計画をしていたスタッフさんたちは、すぐにたすくのお母さんへ連絡をします。

スタッフさんたちはたすくが短期入所を利用していたときの様子から、GHでの生活に十分に対応していけるとの思いがあったそうです。いずれは自宅を離れ、GHでの生活をと考えていたお母さんですが、思い描いていたよりもずいぶんと早いタイミングでの連絡に戸惑ったそうです。

しかし、児童デイサービスのときからずっとたすくに寄り添ってきたスタッフさんたちの後押しを受けて、GHへ入ることを決断します。さっそくスタッフさんたちと具体的な相談に入ります。

ウミノさんたちは当初、別のGHでの生活を計画していたのですが、お母さんから「たすくと（仕事場で）相性のよい利用者さんがいるＧＨでお願いしたい」との申し出があり、検討の結果そちらに変更します。

相性のよい利用者さんたちの中には40代の方もいたりするそうです。他の利用者さんにとってたすくの存在はなんだか新鮮で、みなさんよく面倒をみて、常に声をかけてくれるそうなのです。

こうしてこの年の６月から世代の違うなんだか面倒見の良い先輩たちに囲まれて、たすくのＧＨでの生活は始まったとのことでした。

周り（特にお母さん）の心配をよそに、たすくはＧＨでの生活に切り替わっても大きく乱れることはなかったそうです。

ウミノさんいわく、お母さんが拍子抜けするほど「何もなかった」のだそうです。たすく本人が、周りの環境を自分なりに観察し受け入れていく様子があったようです。本人も短期入所の経験から、「生活のイメージが具体的に持てていたことは大きかったのではないだろうか」とウミノさんはおっしゃっていました。

入ってすぐのときだけ「６月で（ＧＨで生活は）終わり」と言っていたようですが、それもカレンダー等で見通しが持てるにつれ、言うことはなくなったそうです。

これまでは予定変更に弱く、直前にスケジュール変更があることでパニックになることも経験していた家族にとっては、その臨機応変さにとにかく驚いたそうです。

ただし両親は、たすくの自宅での部屋とＧＨの個室がなるべく近い環境になるようにそっと工夫されていました。

## 先輩たちに支えられての生活

GHでは年齢が離れた先輩たちに囲まれながら日々の生活を送っています。仕事場でもよく一緒になる佐藤さん（仮名）は、いつもたすくのことを気にかけてくれているようです。「たすくさん、ご飯の時間だよ」「今日は掃除があるよ」と声をかけてくれます。掃除があまり得意ではなかったたすくも佐藤さんから声をかけられることで、GH内の掃除分担に沿って取り組めるようになったとのことでした。

GHで生活していくには、お互いの相性が合うかどうかは大きなことなのですが、今のGHの住民たちにとってたすくは相性がよいようですし、たすくがGH内での自分の役割を的確にこなせるようになったこともあり、好意的に受け入れてくれています。それがスタッフさんたちにもよくわかるそうです。

また、寄宿舎での生活を経験してきたことも大きかったようです。高校1年生から3年生まで年齢的には2歳の差ですが、それでも異年齢での集団生活を経験することで、お互いに受け入れるべき範囲や距離を保つ必要があることなどを、体験的に学んできているかどうかの差は、成人してからの生活に影響するようです。スタッフさんたちが見ていると、どうもお互いの受け入れも同年齢より異年齢の方がスムーズなようです。

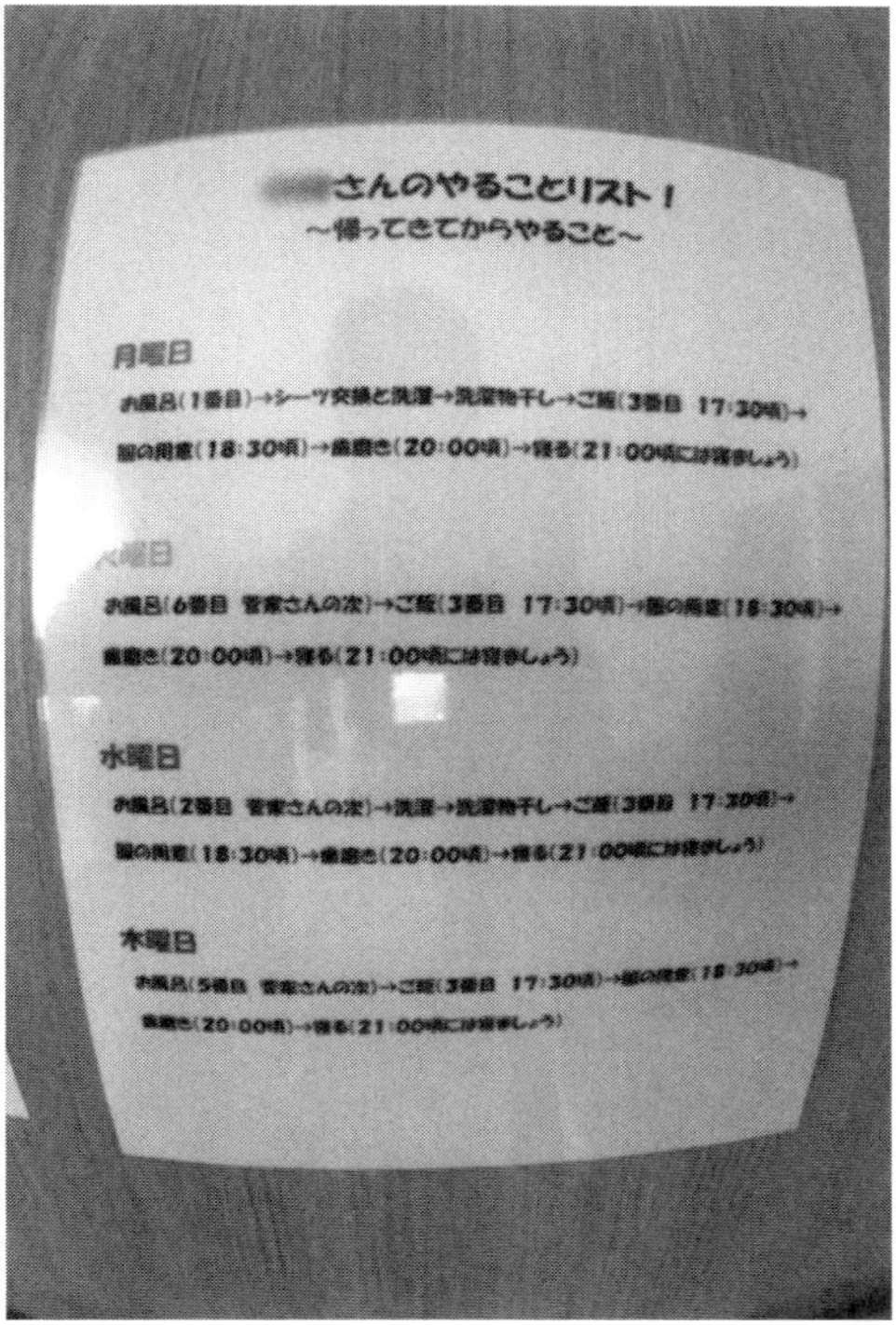

写真⑧　GHのスケジュール例

## GHや仕事場での工夫

GHでの生活は1週間単位で大まかなスケジュールが示されています。このスケジュールを確認することで、たすくは自身の生活リズムを保っています。

以前はかなり詳細なスケジュールに基づいて見通しを持ちながら生活をしていましたが、職場での仕事内容等に見通しが持てていることも合わさり、現在はこのスケジュールでうまく調整しながら生活ができているようです。

これまでは苦手だったはずの、みんなでバーベキューをするイベントなども、スケジュールを把握することで参加することができるようになっているとのことでした。

部屋の中は自宅での環境になるべく近い形でスタッフさんたちと両親で調整し整えています。PCはたすくの余暇活動を支える大きなアイテムになっているようでした。時間があれば大好きな映画の最新情報等を入手して、スタッフさんたちにも伝えて楽しみを共有しているそうです。

写真⑨　たすくの部屋

ＧＨの共用スペースを見学した際に気づいた工夫をいくつかご紹介します。

洗濯に用いる洗濯用洗剤。これは特別支援学校での「日常生活の指導」でいくつかの実践を見たことがありますが、そこでは粉や液体洗剤が用いられていました。容器で洗剤を適量測り、洗濯機に入れて洗濯をする流れで指導がされていました。

しかし、ＧＨで見た洗剤はボール型を用いていました。これは一人で自立的に生活をしていくための工夫の一つでした。粉状や液状の洗剤だと誤って大量に入れてしまうことが時に発生したりするのですが、ボール型だとその失敗をすることがなく、数として認識しやすいので用いているとのことでした。

洗濯の順番や掃除の担当箇所の役割分担が示されているなど、集団での生活がわかりやすく視覚的に提示されていました。

仕事場でも、仕事のスケジュールが示されていたり、視覚的な手順書があったり、ごく自然な形で自立して作業を進められるための工夫がなされていました。

そして、これはたすくが小さなときから継続的に取り組んできた構造化を引き継いでいるからこそ、本人の理解が容易になるのだとわかりました。

また、トークンエコノミー[註3]が取り入れられていることで、たすくの仕事へのモチベーションの維持につながっていました。

［註3］トークンエコノミー

トークン（代用貨幣）を用いて望ましい行動を強化する方法。トークンの量にしたがって、本人にとって価値のあるアイテムや活動を与え、支援することができます。

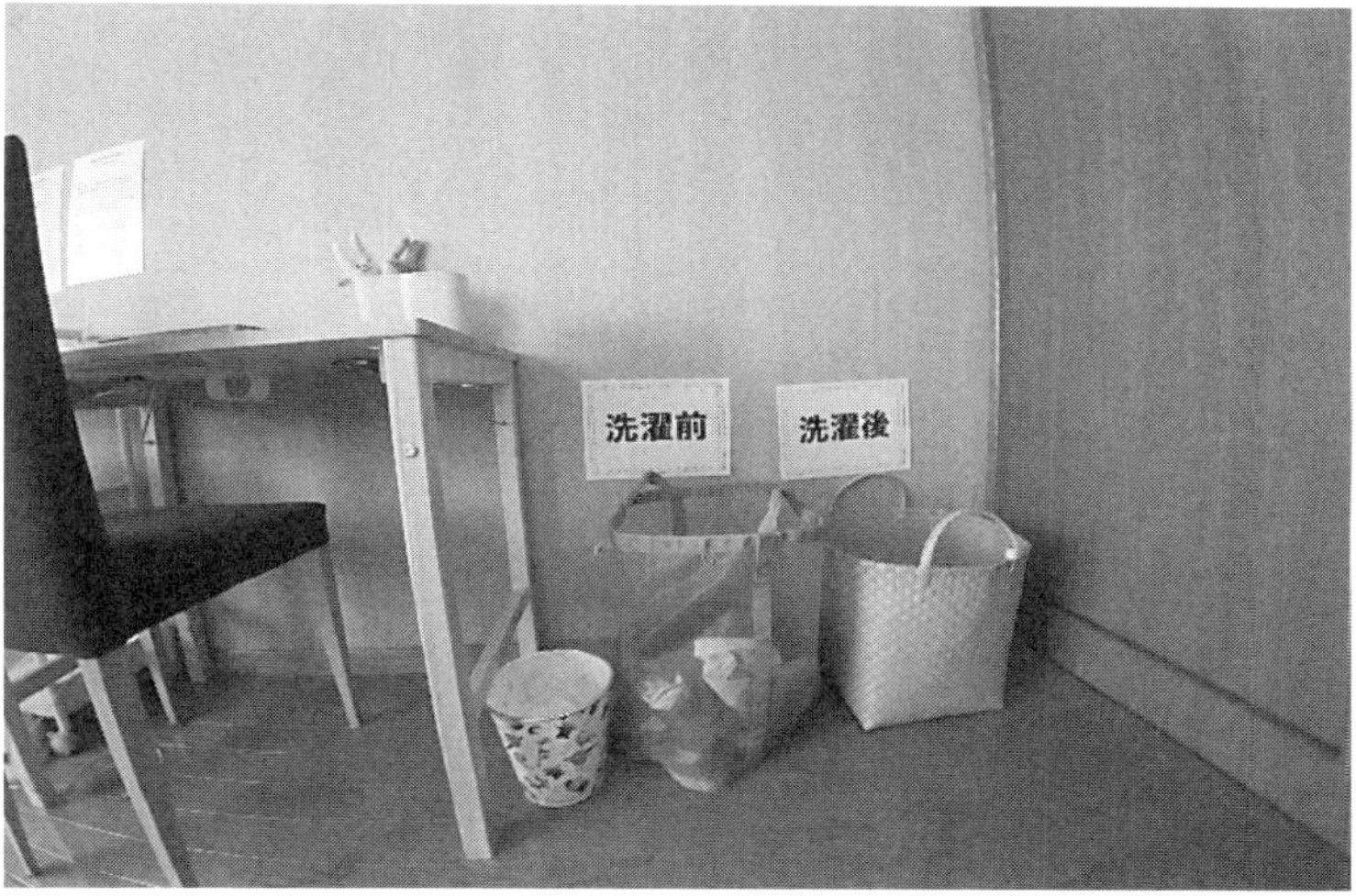


写真⑩　GHの生活空間

写真⑪　GHの作業手順書例

## 食事の話

昼食は自分で選べるシステムになっていました。見学当日は、たすくの小さい頃の食事風景をよく知る私にはにわかに信じがたいソースカツ丼を自ら選んで完食していました。ウミノさんによると、以前の外出時の食事は食べたいものではなく、お店で決めていたとのことでした。

ですが、今は本人に食べたいものを尋ねて、「ハンバーグ」と決めたら、今日はこのお店で食べてみようかと提案し、食べに行くのだそうです。

現在では、余暇活動の一環としてカラオケに行ったり、お風呂に入りに行ったり、映画を見に行ったりするときに、必ず外食とセットにしているそうです。そこでスタッフさんと少しずつ新しいメニューに挑戦していったとのことでした。

一番びっくりしたのは、旅行に行ったときに御膳を食べたのだそうです。ちょっと手の込んだ料理を外出先で食べたこの事実には、私はもちろん、家族にとっても驚きの報告でした。

写真⑫　GHでの食事例

## 成長を実感できる場

ウミノさんは、現在は違う部署に所属しており、たすくの様子を直接見る機会は減っています。たまに見るからこそ、以前からの成長に驚かされることが多々あると語ってくれました。

その一つが現在取り組んでいる手織り工房での仕事。「かたるべの森」では、年度ごとに自分の仕事場を選択する機会があります。年度末になると次年度の仕事場を自分で希望することができるのだそうです。

これまで陶芸を選んで取り組んできたたすくですが、今は手織りを希望し活動しています。手織り工房で作業をするたすくの様子を見て、ウミノさんは「こんなに細かい作業ができるようになったんだ！」と驚いたそうです。

関わっているその時々には気づくことができない小さな変化や成長も、長いスパンで関わっているからこそ見えてくるのだと言います。

学校教育では一年一年で個別指導計画が立てられ、短い期間内で評価されることが繰り返されますが、ここではもう少し長いスパンで一人ひとりの成長をじっくり見ています。
私は、就労してからは安定的に過ごすというイメージを少なからず持っていたのですが、ウミノさんたちスタッフのお話と、実際に作業をされているみなさんの様子から、その認識を改めました。

ここからさらにぐうっと伸びていくのです。人それぞれ伸びる時期や期間、伸び方は違うのですが、伸びていくのです。

そこには本人たちの努力と、彼らをもっと伸ばしたいと願い、時には外部の専門家を交え学び続けるスタッフさんたちの姿があります。その真摯な姿のことを、忘れてはいけません。

写真⑬　たすくの作品

コラム 5

## 卒後

特別支援学校高等部を卒業した後の進路は大きく5つあります。

会社などへ就職する一般就労、就職を目的とする職業訓練、支援者の手助けを受けながら働く福祉的就労、介助を受けながら日中活動を行う生活介護、（まだまだ人数は少ないですが）大学・専門学校への進学です。

卒後の進路でよく耳にするA型やB型は福祉的就労と言い、支援者の助けを受けながら仕事をすることを指します。就労継続支援A型、就労継続支援B型というサービスです。

生活介護は日常生活において支援を必要とする人を対象とし、食事やお風呂、トイレなどの日常生活のサポートをし、軽作業などを提供するサービスです。

2022年に改正された「障害者総合支援法」では、地域での生活の支援体制の充実や、本人のニーズに応じた就労支援の強化等がなされました。利用者が年々増加しているGHは、現行の支援内容に加えて、退去後の一人暮らしに向けた家事支援や金銭や服薬の管理支援、住宅確保支援等を行うことが加わりました。

障害福祉サービスはこの障害者総合支援法によって定められています。

「介護給付：日常生活でのサポートを必要とする人が利用する（ヘルパーサービス、施設入所・短期入所）」「訓練等給付：地域での生活や働くための力をつけるサポートが必要な人が利用する（GH、自立訓練、就労移行支援、就労継続支援）」「地域生活支援事業：市町村が窓口になり地域の状況に合わせて行う事業（移動支援、地域活動支援センター）」の３つに分かれています。

「介護給付」は、18歳以上が対象で、役所の人が80項目の内容を聞き取り、医師の診断書等と合わせ認定審査会を経て「障害支援区分」（７段階）が決定し、利用できるサービスが決まります。

多くの特別支援学校では、入学後の早い段階から卒後の進路に向けて進路担当を中心に多くの情報が提供されています。情報にアクセスすることから始め、卒後の進路の選択肢の一つとして押さえておくのがよいかと思います。

最近では、障害のある人たちが描くさまざまなアート作品を、企業等とコラボレートする事業が世の中で注目されていたりもします。

この先、これまでとは違う形での進路も生まれてくるかもしれません。さまざまな可能性を信じながらの進路選択になればと願っています。

**＜参考文献＞**

又村あおい（２０１８）『あたらしいほうりつの本 ２０１８年改訂版』全国手をつなぐ育成会連合会

渡部　伸（２０１９）『障害のある子が将来にわたって受けられるサービスのすべて 第２版』自由国民社

# 第6章

# 医師としての父が見る世界

## 医師としてのキャリアと家族

お父さんはある基幹病院の院長として多忙な日々を送っています。神経内科を専門とする脳の内科医として長年のキャリアを積んできました。医師の立場からすると、医学の専門家であり、特に脳に関わる治療に従事してきたことから、たすくの自閉症という脳の障害に対しても、個人的に強い思いを抱いています。

お父さんは、自閉症のような脳の異常や障害を専門的に理解し、何とか解決したいという願いを長く抱いてきたものの、結局、医学の力でその障害をなんとか治すことができなかったことに対して、非常に忸怩たる思いがあると話していました。

お父さんはたすくが自閉症という診断を受けたときの心境について、「これは大変だ……」と感じたと語っていました。その瞬間から、自閉症について猛烈に勉強を始めました。しかし、当時は自閉症の原因や治療法に関する確かな情報がほとんどなく、改善させるためには基本的に療育に頼るしかないという認識があったそうです。

お父さんとしては、その療育をどう受けさせるか、次のステップを考え始めました。「治すことはできないかもしれないが、少しでもよくしたい」という思いが強く、「もし自分にできることがあるのなら、自身の医学の道を変えてもいい」と思っていたと語っていました。

お父さんは、幼児期のたすくと接する時間が非常に限られていたことを振り返っています。当時、彼は医師として忙しく働いており、家にいる時間は少なかったそうです。家に帰ると、娘のゆうみはすでに寝ていて、たすくだけが起きていることが多く、少し戯れる時間があったと言います。

進路についても、お母さんが人づてで情報を集めていたことを認めつつ、お父さん自身も自閉症の支援に関連する学校や施設を探し始めました。当時、自閉症の療育に関してよい評判を得ていた関東圏の学校への就学も検討したものの、自分の仕事の都合で断念したと話しています。その後、もう少し近隣での候補を見つけ、実際に見学にも行きました。

その際、お父さんは自分の上司にも「仕事を辞めて移住する可能性がある」と伝え、家族全員で環境を変える選択肢を真剣に考えていたそうです。

お母さんからも当時のことを振り返ってもらいました。今ではプロゴルファーになりたいとか、スポーツを本格的に取り組む子どもがいると、家族全員で引っ越してサポートすることも少なくありません。海外留学に一緒に行ったり、日本国内でもよいコーチを探して転々と引っ越したりする家族もいます。

しかし、20年以上前の当時は、そういった感覚はあまり一般的ではなかったのです。今ほど自由な選択肢が広がっている時代ではなかったとのことでした。それでも、たすくのためになると考えれば、どこへでも行くつもりでした。

幸いにも、お父さんが医師という職業に就いていたので、どこに引っ越しても仕事には困らないだろうと思っていました。もっと適切な教育の場を見つけてあげたいという思いがあり、たすくを第一に考える「たすく至上主義状態」になっていたそうです。彼のためになることなら、仕事や生活のすべてを優先してでも動く覚悟だったそうです。

お父さんの話を聞いていると、そのときの込み上げる思いがよく伝わってきます。仕事で築き上げてきたものをすべて捨ててしまうかもしれないという葛藤がありました。

ある日、飛行機の中で移動しているときに、その短い空の旅の中で、今までの努力やキャリアがすべて無くなってしまうんだろうなという思いが頭をよぎったそうです。

そのとき、息子のたすくはまだ5歳くらいで、ちょうど小学校に入る前でした。お父さんは当時、40歳前後で、働き盛りの時期でもありました。油がのって、まさにこれからという時期に、自分のキャリアや人生を大きく変える決断をしなければならなかったということです。

それでもお父さんは、「たすくという子どもを生み出した責任の半分は自分にある」という強い責任感を抱いていました。だからこそ、自分で何とかしなければならないという思いが、彼を突き動かしていたのでした。

## 医学の進歩

お父さんの話を伺っていると、たすくが小学校に入学する際の、最初に出会ったときのことを鮮明に思い出します。お父さんはある市の教育大に「教育発達専攻」があることを知り、そこの教授に相談されたようです。

たすくの療育についての相談が行われ、その結果、特別支援教育が熱心に取り組まれている小学校への入学が決まりました。そうした結果として私とたすくとの出会いがあったのです。

お父さんは、自閉症に関する医学の進展について、特にその理解が大きく進んだと強調していました。現在の医学界では、自閉症は「自閉症スペクトラム障害（ＡＳＤ）」として軽度から重度まで幅広く捉えられ、さまざまな症状が現れることがわかっています。

特にお父さんが触れていたのは「多因子疾患」としての見解です。お父さんの説明によると、自閉症は複数の関連要因が影響し、これらの要因がある一定のレベルを超えたときに自閉症として発症するという理解が進んでいます。ＡＳＤは、いわゆる自閉性障害と知的障害が重複している場合もあり、知的に軽度だからといって自閉症状が軽度とは限らないという複雑な側面もあります。

また、それぞれの因子の解析が進み、およそ2割程度の原因が明らかにされつつあるのではないかとのことでした。これらの因子に基づき、現在は治療アプローチも試みられていますが、まだ完全な治療法は確立されていません。ただ、進展はしており、治療の糸口も徐々に見えてきているということです。

お父さんが述べたように、医学的な進展があることは事実であり、個別の支援や治療がさらに重要になってきている状況です。

さらに、お父さんが話していたのは、自閉症の治療に関する可能性についてです。現在、医学の世界では自閉症に対する理解が進んでおり、将来的には「治療する世界」が見えてくる可能性があるとのことです。特に、オキシトシンというホルモンが、自閉症の社会性の改善に役立つのではないかという話がありました。このことにも、流行り廃りはあるのですが、お父さんは一定の効果が見込まれると見ています。

ただし、オキシトシン単体での治療は難しく、複数のアプローチをコンビネーションすることで、効果的な治療が進んでいく可能性があるという考えです。

## 家庭と学校のシンクロ

また、お父さんは、学校での取り組みと家庭での指導をシンクロさせることが重要だと考えていました。学校と家庭で別々のアプローチを取るのではなく、「同じレベル」で「同じ内容」の指導を連携しながら進めることで、子どもが一貫した学習環境を得やすくなるという期待があったのです。

自閉症の子どもには「文脈依存性」が強い場合が多く、場面によって行動や理解が変わってしまうことがあります。特に子どもの頃は、主に学校と家庭という2つの場面しかないので、一致した指導方法を取り入れることで、子どもがより安定して学びやすくなると感じていたようです。

たしかに、私自身も学校と家庭の連携が重要だと強く感じていました。正直なところ、いくら話を伝え聞いても実際に見なければわからない部分が多いです。だからこそ、私は家にまで入り込んで、たすくが家庭でどんなサポートを受けているのか、どういう環境で育っているのかを見ていたのです。それを知ることが、学校での指導や支援に大きな影響を与えると考えていました。

学校と家庭で一貫した指導を行うことの重要性は、当時から強く意識していました。私の勉強が色々なところで追いつかないこともありましたが、とにかく両者が一緒に取り組まなければならないという意識は常にありました。それが、子どもの成長にとって不可欠な要素だと信じていました。

このことについては、お母さんからもお話がありました。お母さんは、学校と家庭が協力し合わなければならない重要性を強調していましたが、一方で、現代の「働き方改革」の影響で難しくなってきているとも感じていました。

世の中の流れだからしょうがないと言っていましたが、うまく時間内で交流して、協力していく方法を考えていかなければならないと語られていました。何度も見て聞き返してやっと理解する私のように、時間をかけることは今の学校現場では難しいと思います。

## 成長は止まらない

お父さんは、たすくの現在の食生活について、特に寄宿舎生活が大きな影響を与えたことを語っていました。以前は偏食が多く（今ではそばが少し苦手になっているようですが）、驚くほど食べる量が増えてきたとのことです。「ソースカツ丼」を食べられるようになったことに驚いていました。

この変化について、お父さんはその「理論的背景」ははっきりしないと言いながらも、寄宿舎生活でさまざまな食事を経験し、仕方なく食べていたら「なんだ、食べられるじゃないか」と感じたのではないかと考えています。

たすくが舎での経験を通して、食生活においても成長を遂げたことが、お父さんにとって大きなインパクトを与えたようです。

お父さんとお母さんが一緒に話し合う中でも、舎に入ったことが非常に大きな経験であり、たすくの成長に欠かせないものだったと感じているとのことでした。

最初、お父さんは、たすくの成長を支えるために、「構造化」を徹底的に取り入れました。それはいわゆる王道の構造化で、日々のスケジュールを細かく定め、生活の流れをわかりやすく可視化し、予測可能にすることが彼にとって最良だと信じていたからです。

幼い頃にはそのようにして、安心感や秩序感を与えることが重要視しましたが、時間が経つにつれ、お父さんは「将来のことを考えたら、いつまでもこのような構造化された環境を受けられないかもしれない」と感じ始めたのです。

そうして、「脱構造化」を目指していきます。つまり、少しずつその枠を緩めていきました。そうして、「緩くする」方向へシフトし、たすくが自分のペースで進んでいけるようにしていきました。お父さんはこの選択が結果的に正解だったように感じています。もちろん、たまたまタイミングがよかったのかもしれませんし、たすくだからできたことなのかもしれないと振り返っています。私としてはただ緩めていったのではなく、そのときのたすくの生活や成長に合わせて再構造化していったのではないだろうかと見ています。

実は、たすくが通っている「かたるべの森」でも、当初はかなり構造化されたプログラムが提供されていました。ホワイトボードにスケジュールが細かく書かれ、日々の活動がきちんと整理されていたのですが、次第にそのアプローチが変化していきました。

たすくはこの変化にも順応し、日々を過ごせるようになったのです。こうした柔軟性を持てるかどうかは、本人の特性に大きく依存するものですが、たすくには合っていたのかもしれません。

今回のインタビューで、次のお父さんの言葉が印象的でした。

「発達は遅滞しているけど、止まらない」

たすくの成長は確かに遅滞しているかもしれませんが、彼の発達は続いています。お父さんは、「おそらく定型発達の人たちよりも、ひょっとすると成長のスパンが長いのかもしれない」と話していました。たすくが時間をかけて少しずつ成長していく姿は、多くの希望を与えてくれるものだと思います。

## 現在のチャレンジ

そんな現在のたすくは、日々の生活で電話機能のないiPhoneを使っているそうです。いわゆる「端末」として使っているのですが、それがとても役立っているようです。たすくはそのiPhoneでカレンダーを操作し、自分でスケジュールを管理しているとのことです。特にSiriを使って「明日の天気は?」とか「明日は何の日?」と毎晩尋ねる習慣がついているのだそうです。

また、たすくはリマインダー機能を使って、テレビ番組のスケジュールをきちんと管理しています。何月何日、何時からこの番組があるというように、全部リマインダーに登録しているそうです。

さらにたすくは、インターネット検索を使えるようになってきました。普通の人が

Googleで検索することは当たり前のことですが、そういった「普通の人に近づける」という意識ではなく、たすく自身の生活を便利にし、スキルを増やしていくことが大切だとお父さんは強調しています。

この「生活できるためのスキルを増やす」という視点が、お父さんの子育ての根本にあるようで、たすくの成長にとって重要な要素として続けられているようです。

お父さんは、自閉症の人たちに見られる「ワーキングメモリー」の弱さに注目し、たすくにお風呂で「今日何をやったか」を振り返る時間を設けているそうです。この取り組みは2～3年ほど続いており、たすくも「かたるべの森」での活動で、「これをやりました、あれをやりました」と自ら報告するようになりました。

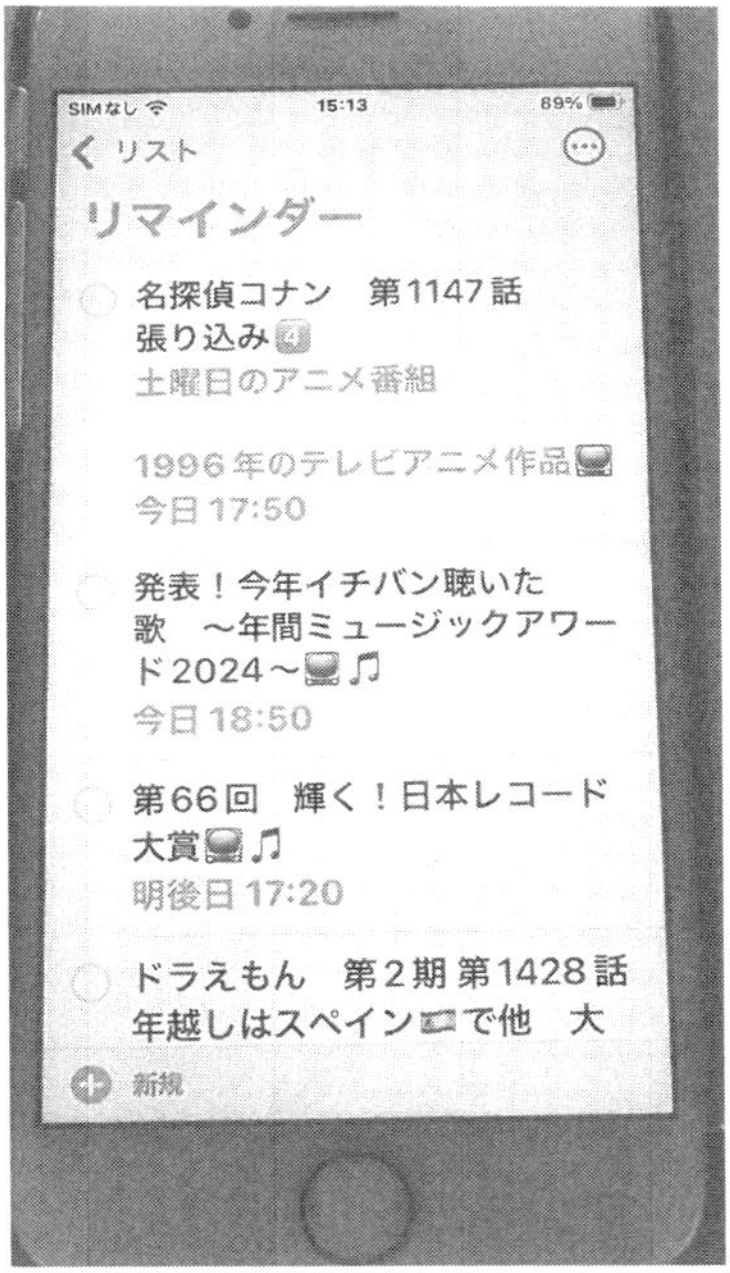

写真⑭　たすくのリマインダー

ワーキングメモリーの構造のどの部分にアプローチできて進歩しているのかまで、現時点でははっきりとわかりませんが、お父さんはこの日々の積み重ねが、たすくの成長に少しずつ貢献していると信じて取り組んでいます。

最近では、たすくが自ら「今日の出来事を話したい」と言うようになり、午前中の活動から昼食、午後の過ごし方まで、なるべく記憶して報告しようとする姿が見られるようになったそうです。つまり、頑張って記憶しようとしているようです。（長期記憶の内容を増やすこととの関連もあり）お父さんいわく、脳の別な容量を使ってる可能性があるかもしれませんが、表面的には一応ワーキングメモリーだと考えていらっしゃいました。

医学的にはワーキングメモリーをどれほど鍛えられるかはまだ明らかになっていない点が多いものの、反復することで何かしらの改善が見込めるとお父さんは考えています。

記憶を補完するために脳の他の機能を使っている可能性もあるとしつつも、お父さんは「天井を設けない」という姿勢で、「諦めないことが大事だ」という言葉には強い気持ちが表れていました。このような柔軟で力強い発想が、たすくの成長に大きな影響を与えているのでしょう。

コラム 6

# たすくさんとの出会い

かたるべの森 ウミノ

たすくさんには人を引き寄せる力が強くあると感じます。人とのコミニュケーションを非常に好み、誰からも好かれる存在であります。そういったたすくさんの特性が、周囲の環境や人間関係などを構築しているのだと感じます。

当時、たすくさんの支援をする中で何が正しい支援なのか正解がわからず、がむしゃらに支援をしていたことを今でも思い出します。ですが、当時の出来事が自分の基礎にもなり、今でも障がい分野での仕事が楽しく続けていられるるのだと思っています。

たすくさんとの出会いの中で今思えば、障がい特性から正しいと思えるような支援や声かけではないと思うことも、経験を重ねることや研修に参加をすると気づかされることがあります。ですが、実際に関わりの中から学ぶことの方が重要であることも、支援の成功体験の中から気づかされることもありました。

自分が支援をする中で一番重要視したのは「食」です。当時のたすくさんは、偏食で食べられる物が少なく、麺類も汁と麺は別盛りにしたり、特定の物しか食べられないなど、食の部分での困難さを多く抱えていました。

外食時もマクドナルドやびっくりドンキーで固定のメニューのみ選択でした。移動支援サービスの中で、たすくさんが余暇活動をする機会が多く、毎月のように外出支援を行いました。その中で、お店の選択ではなく、食べたい物の選択をする流れにしました。例えば、ハンバーグが食べたいという思いがあれば、普段行かないようなおしゃれなお店や美味しいお店選びなどを行い、新たな経験を積んでもらいました。

しかし、その日によって調子が悪く、店内で不安定になってしまうこともありましたが、継続して実施をする中で、「今日はどこにいきますか?」に対して「スペシャルプランです!」という返答がありました。

何気ない会話だったかもしれませんが、それは臨機応変に対応できるようになったたすくさんの発言だと後に気づかされました。

たすくさんとの思い出はたくさんあります、実習のときからの関わり、その後かたるべの森に入り、かたるべの森で成人式を行ったこと、旅行ではいつもグループが同じだったこと、さまざまな場所に移動支援でお出かけをして色々な経験をしたこと、最近ではグループホームに入居したことで、色々な角度からたすくさんの成長を見ることができました。支援をする中での学びを、たすくさんから学んでいることも多くあると改めて気づかされました。

保護者との関わりも自分の仕事を続けている中で大きな存在です。お母さんとはたすくさんの当日の引き継ぎはもちろんではありますが、日常のこと、趣味のこと、家庭のことなど世間話をすることも多くありました。しかし、その中から支援のヒントが隠れていることや、話をする中で仕事に対してのやる気も芽生えます。

離職をする人たちの中には、自分の仕事の評価をしてもらえていないと感じている人も多くいると思います。ある日、お母さんの提案でクリスマス会のときに、職員に感謝の気持ちを伝えたいという話があり、実行しました。非常によい機会の提案であったことや、職員に対してあたたかい気持ちで見守っていてくれるそんな想いに、感謝をする気持ちで一杯でした。

現在の部署は、放課後等デイサービスで支援を行っていますが、学齢期から成人期までの支援を生かしながら、これからの将来に困っている保護者の方にアドバイスができるようにしながら、時にはたすくさんのグループホームでの成長を見守っていきたいと思います。

## 子どもの「好き」に合わせる

わたなべ　のぶひこ

たすくさんと出会った日のことです。子どもたちとすぐに仲良くなれることの多かった私は、出会いから一気に関係を深めていこうと意気込んでいました。しかし、なかなか思った通りにはいかず、初日は話しかけても反応は薄く…。次の日も、あの手この手で関わろうとしましたが、うまくいかず。一緒に遊ぼうとすると、さっとどこかへ行ってしまう。何かをしよう、させようとすればするほど、さっとその場を離れてしまう、まさに空回りの状況が続きました。

そんなある日、休み時間に他の子どもたちとおんぶをしてぐるぐる回す遊びをしていると、それを見ていたたすくさんが近づいてきました。そこで、「ぐるぐるするよ～！　3、2、1ぐるぐるぐる～」と回ると、にっこにこの顔になったたすくさん。首に手を回してきて「ぐるぐる（して）！」と言ってきました。「もう一回♪」という意味です。たすくさんの「ぐるぐる（して）！」、この一言がすごく嬉しかったのを覚えています。

その後も、指を蜂に見立てて「ぶーーーん、チク！」と突っつく遊びや、「こ～ちょ～こ～ちょ～」とくすぐる遊びがたすくさんのお気に入りになりました。「3、2、1」とか「ぶーーん」とか、遊びの前の言葉が、たすくさんにとってワクワクする合図だったようです。「3、2、1」「ぶーーん」などの前振りの音（言葉）による期待感と、その後に起こる感覚的な遊びが楽しかったのでしょう。「もう一回！」と要求してきたり、私に同じことをしてきたり、次第にやりとりができる関係となっていきました。
たすくさんのワクワクの世界に歩み寄り、関係をつくることが、その後の学習における
やりとりの基盤を築くことにもつながったように感じます。
何かをさせようとする思いが強すぎるとうまくいかないけれど、たすくさんの「好き」
に合わせるとうまくいく。それは、その後の関わりでも何度も感じました。
子どもの「好き」にチャンネルを合わせて、その世界にお邪魔させてもらう。好きなこ
とや遊びを一緒に楽しむことの繰り返しが、「安心できる関係づくり」につながるんだと…。
たすくさんとの出会いから20年以上経ちますが、その後に出会ってきたさまざまなタイ
プの子どもたちとの関わりの中でも、子どもの「好き」に合わせることをずっと大切にし
てきました。
たすくさんと過ごした約10ヶ月間、保護者の方と日々の様子を共有したり、支援学級の
先生方と話し合い、実践を重ねたり、大学の仲間にアドバイスをもらったり…。周りの人
たちとの連携の大切さを実感しました。
子どもの「好き」をともに楽しみ、子どもの成長をともに喜び合える仲間を増やしてい
くこと、それが私たち先生の大切な役割なのかな…と思っています。
数年後、千葉にある夢の国で、偶然たすくさん家族と会いました。もしかすると、偶然
だけじゃないつながりもあるのかな…とこのコラムを綴りながら想いました。

# 終章

# 家族からのメッセージ

## 「障害があっても一人の人間」　ゆうみのメッセージ

「特別扱いしないこと」

これは、家族だからこそ大切にすべきことだと思います。

昔、私もたすくばかりが優遇されているように感じて、「なんでたすくばっかりなの？」と母に文句を言ったことがありました。でもそのとき、母から「こんなに大事にしているのに、どうしてわからないの⁉」と強く返されて、初めて気づかされたんです。親は障害の有無に関係なく、公平に接しているんだと、そのとき感じました。

親は、「どの子どもにも公平に接する必要がある」という悩みがあると思いますが、特に障害のあるきょうだいに対して「特別扱いしない」という姿勢が重要だと強く感じています。

だからこそ、今ではたすくとの関係もとても良好で、距離感も自然なものになっています。私たち双子の関係は、良くも悪くも「他人に近い」距離感です。もう30歳に近づいている今、きょうだいだからといってべたべたすることはなく、お互いを尊重しながら適度な距離を保っています。

面白いことに、私の夫の方がたすくと親しい関係を築いているんです。たすくが家に来ると、まず夫に直進して話しかけます。私にはあまり関心がないようで、むしろ「ちょっと騒がしい」と思っているのかもしれません（笑）。

でもそれがいいんです。夫が自然体で接してくれることで、たすくも安心して接することができているんだと思います。

私の夫も同じ思いでいることがわかります。

「意識してるっていうのは、なんだろうな。難しいけど、僕にとってはなんか普通、普通なんですよ。特段、意識してると言われれば、『普通に接する』『特別扱いしない』っていうところは意識してる」と言っています。

最初に自閉症のお兄さんがいるって聞いたときも、特に何も感じなかったと言っていました。

結局、障害があってもなくても、家族であっても「一人の人間」として接することが大切です。

特別扱いせず、他の家族と同じように扱うことで、自然な距離感が生まれ、健全な関係を築くことができるのだと思います。

## 「自閉症がいい家族をつくってくれた」お父さんのメッセージ

自閉症の子どもを育てる上で大切なことはたくさんあります。とりわけ私が大事にしたことは「コミュニケーション」です。自分が何をやりたいのか、また何が嫌なのかを相手にきちんと伝えることで、パニックの頻度は大幅に減少します。このようなコミュニケーション能力は、すぐに身につくものではありませんが、繰り返し練習を重ねることで、その子の社会的な障害度をかなり軽減できると思います。

特に、根気強く諦めずに続けることが重要です。この積み重ねが、本人だけでなく、周囲の理解や関係性の改善にもつながります。私自身の経験から、これが一番の道だと感じています。

また、その際におすすめなのは、ペクス（PECS: Picture Exchange Communication

System）です。

ペクスとの出会いは、私にとって非常に大きな出来事でした。日本語でも英語でも、自閉症に関する本を日本語も英語も手当たり次第に買い漁っていた中で、偶然このペクスの本を見つけました。私はその本を読んで「これはすごい」と感じ、さらに学びを深めていたところ、著者のアンディ・ボンディ氏が日本で初めて講演を行うという情報を得ました。私はすぐにその講演に参加し、それによって私の中でペクスのやり方がほぼ完成したように思いました。

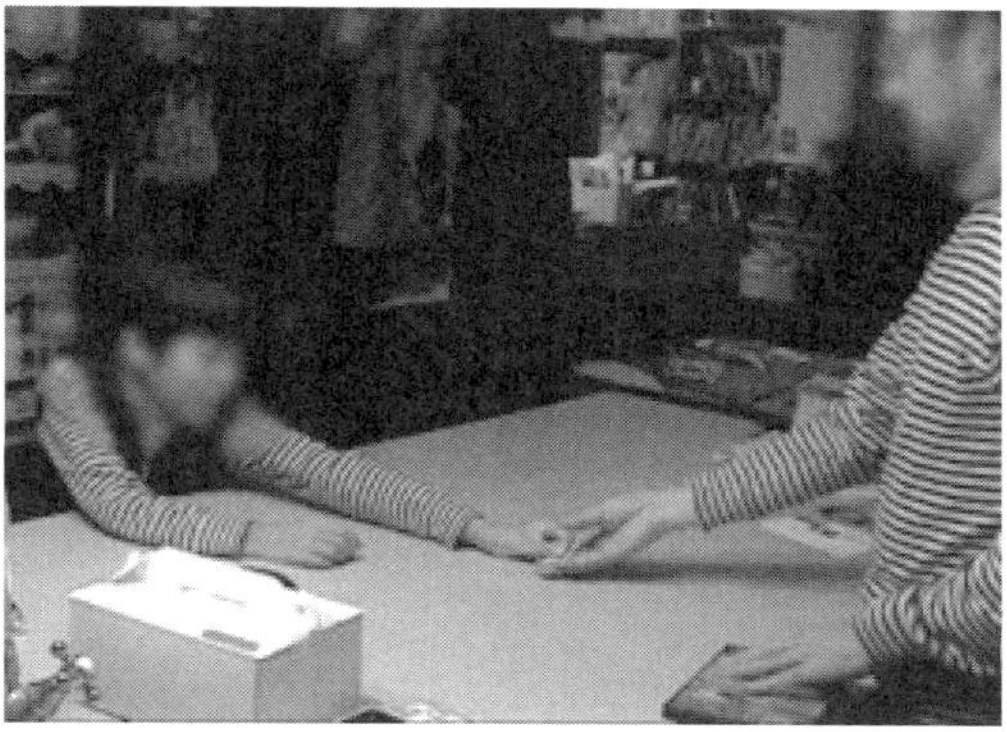
写真⑮　ペクスを使った支援

その後、小学校4年生の頃から私はペクスを使った指導を始めました。たまたま成長過程や他の支援でそうなったかわかりませんが（私の指導のおかげと言いたいところなんですけど）、その頃から、息子のコミュニケーション能力が大きく向上し、要求を伝える力が格段に伸びたと感じています。

最も重要なのは、もちろん「要求」を伝えることです。要求については、ほぼ安定して言えるようになっています。自閉症の子どもたちは、例えば目の前にそばがあって、食べたくないのに「食べなさい」と言われた場合、「嫌だ」と言えずにパニックを起こすことがあります。しかし、「これは嫌です」と自分の意思を表現できることが非常に重要です。今では、ほぼそれができるようになっているので、彼の人生が少し豊かになっていると感じています。

ペクスの最終目標は「コメントを言うこと」です。例えば、「山が綺麗だね」といった自然な感想を述べることがその一例です。今では息子もコメントをするようになり、私にとってペクスは非常に有効なコミュニケーション手段であると実感しています。

ただ、絵カードがあるだけでは十分ではありません。基本的には応用行動分析というアプローチが必要です。絵カードを使いながら、応用行動分析を取り入れた指導があって初めて効果が見られるということが、最後に私自身でも理解できました。その後、絵カードを使わない場面でも、応用行動分析を使ったアプローチができるようになりました。

今振り返ると、私は仕事が本当に好きで、必要がなければ家に帰ることなく職場に居続ける人間でした。また、休日にはゴルフに行く機会が少なからずあり、たすくが健常発達であったならば、妻に家庭を任せきりで、平日は仕事、休日はゴルフや出張に出かけていただろうと想像します。

しかしながら、たすくに時間を多く割く必要が生じ、その結果、娘にも真摯に向き合う必要が生じ、結果的に大変よい家族関係を築くことができ、現在に至っているものと感じます。

どの人生が自分によかったかは、いろんな価値観があると思いますが、私個人としてはよい家族に恵まれるチャンスをいただいたことに感謝しています。

そういったことを踏まえると、たすくが自閉症として生まれてきたことは、いろんな困難があったとはいえ、私たち家族を一つにしてくれた大きな要因と考えています。

## 「明けない夜はない」 お母さんのメッセージ

今から20年近く前、たすくの学級で当時の担任と一緒に支援学級向けの英語活動をすることになりました。それは自閉症児にとって、日本語よりも規則正しい文法が使われている英語に割と親和性が高かったことも関係しています。

その縁で、教員免許を所持していない私ですが、小学校の非常勤英語講師になり15年目になります。

私と接した子どもたちの中には、「いつか英語の先生になりたいです」「英語をこれからも勉強したいです」などと、年度末にメッセージをくれる子も少なくありません。たすくが郡司先生と過ごした日々の影響は、今の30歳のたすくの中にも確実に宿っています。教師という仕事のその日々は、間違いなく大なり小なり、児童、生徒一人ひとりの人生の一部になるということです。

（私も含めて…）教壇に立つ人たちには、この重要性と素晴らしさに畏敬を忘れずに、目の前の子どもたちと充実した日々を過ごしていただければと、保護者としても、同業者のおばちゃんとしても切に願っています。

ここからは、本書のインタビューを通じて感じたことをお伝えしていきます。

ゆうみが言っていたように、娘の伴侶である方が本当に素晴らしい人で、たすくとこんなにも自然に家族になれるとは思ってもいませんでした。まさかこんな人生が待っているなんて思いもしませんでした。

たすくの子育てをしていて思ったのは、障害のあるたすくにはある程度の支援があるけれど、娘の子育てについては、決まった支援者がいるわけではないので、常に手探り状態だったことです。それは普通の子育ても同じかもしれません。

ある施設で「自閉症の子育てとは」という合宿があって、そこで「一番大事にしてほしいのは、きょうだいの将来です」と言われました。それをきっかけに、私の人生の目標は「ゆうみを一人前にして自立させる」ことになりました。

教員になってほしいと強く願ったのは、とにかく経済的に自立してほしかったからです。親が亡くなった後も、「ゆうみが一人で生きていけるようにしておかないと」という不安が常にありました。

今の世の中では、結婚してもしなくても自由という考え方もありますが、ゆうみが結婚したいと思ったとき、相手のご家族がたすくのことをどう受け入れてくれるかが心配でした。結婚相手との顔合わせのとき、手掴みで食べないようにとか、そういったことが、これまでの教育につながっていると思いました。

結果として、その心配は杞憂に終わりました。ゆうみの夫とそのご家族が、自然にたすくを受け入れてくれて、本当に感謝しています。今では、家族旅行に行っても、まるでずっと前から家族だったかのように、ゆうみの夫とワイワイ楽しんでいます。

「身辺自立」について大事にしていることがあります。たすくを見てもらえればわかると思うのですが、結構小綺麗な格好をしています。実は私、ファッションがすごく好きで、ゆうみも小学校のときから、小中高と私服の学校に通っていたこともあり、親の手が離れたときに自分で買い物をして、おしゃれな格好ができる、ユニクロでおしゃれができるっていうのが大事だと思っていました。

ショッピングモールとかスーパーマーケットに行って、「何円でコーディネートしなさい」みたいなことをやっていたのですが、女の子はそれで楽しいからよかったです。

でも、実はたすくも結構そういうのが好きで、自分で洋服を選ぶのです。最初は私が「これとこれがいいんじゃない？」と言っていたのですが、繰り返しているうちに、今ではたすく自身が靴下まで全部コーディネートしています。しかも、Ｔシャツの色に合わせて靴下を選んだり、色合いがちゃんと合っているのです。

そういうことは自然にできていて、特別支援学校のときから「おしゃれなたすくん」という感じでした。

「かたるべの森」でも、やっぱりおしゃれなたすくはかっこいいなと思われていました。そうすると、女性のスタッフさんからも人気が出たりします。「たすくくん、またかわいいの着ているね」とか、そういうことがすごく得になると思います。やっぱり、人って見た目で判断されることが多いですからね。

もちろん、最低限の清潔感は必要で、小綺麗であること、清潔なものを着ることは大事です。これは、寄宿舎などでも学んでいくことだと思いますが、障害があるからできないと決めつけるのではなく、毎日の積み重ねが大事です。

雨の日にはこういう服、寒い日にはこういう服を着るという基本を教えることが大事だと思います。そして、その上で、色のセンスや、気候に合った服装を選べることが大切なのです。

普通とは言わないけれど、ちゃんとした格好ができるようになることはすごく大事だと、今しみじみ感じています。それが自分でできるようになって、寄宿舎でしっかり身につけられたというのは、本当にありがたいし、たすくの人生にとって大きなメリットだと思っています。

だから、ファッションはやっぱり諦めない。もちろん療育という意味ではないのですが、生活の中で、やっぱりどんな子にもおしゃれをさせてあげることは大切だと思います。たとえば、帽子を買うときも「こういうのどう?」と一緒に選んであげると、たすくも今では自分で好みを持って選ぶようになってきました。毎日持っていくカバンも自分で選んで、しっかり準備しています。

振り返ってみると、こうした積み重ねがすごくよかったなと思います。やっぱり、ただ生活を送るだけじゃなくて、日常の中で少しずつおしゃれを楽しむことは、たすくにとってとても大切なことだったんだなと感じています。

「かたるべの森」には、遅咲きの方もいて、40歳を過ぎてから急に絵を描き始めたりする方もいます。だから、一般の人よりも使っていない脳の部分があるのかなって思うのです。きっと、刺激を与え続けることをやめなければ、もっと面白いことが起こるかもしれないし、本人にとっても人生が少しずつ変わるんじゃないかと、「かたるべの森」の人たちを見ていて感じます。

施設の方たちは、年配の方も含めて、諦めずに色々なことにチャレンジしてくれるのかもしれないですね。もしかしたら、「これもできるかもしれない、あれもできるかもしれない」と思いながら指導してくれているのかもしれません。

施設にも、いい意味で厳しめの方もいて、「これもやらせてみたい、あれもやらせてみたい」とすごく熱心に言ってくれたりもします。そういった方が、色々と伸ばしてくれたんじゃないかと思います。たすくも、今では普通にミシンを使っています。

たすくにとっても、人と関わることは大切です。自閉症であっても、彼なりのコミュニケーションで、人と関わることを諦めないでほしいと思っています。彼だけの小さな世界で生きていくのではなく、誰かと関わって生きていってほしいと思っています。

やっぱり社会の冷たさとか、悩むこと、悲しいことはたくさんあると思います。でも、どこかには必ず理解してくれる人がいるし、一緒に笑ってくれる人も現れるはずです。それが支援者であったり、外部の誰かかもしれません。外からの思いやりがふっと湧いてくることもありますし、それが誰かの支援によるものかもしれません。それはわからないけれど、誰かしら一緒に笑い合える存在が必ず現れるのです。一生誰もいないということは絶対にありません。

たとえ今が暗黒時代のように感じることがあったとしても、明るい未来は必ず来ると信じてほしいです。振り返ってみて私が一番強く感じることです。こんなふうに変わるとは思わなかったということが、現実に起こるのです。今、うちのたすくを見ていてもそう思います。こんなに穏やかな日々が来るとは思わなかったです。

# おわりに

僕は”自閉症“という日本語の使用を自らに禁止した。そうしたら、”自閉症“が便秘しても驚かなくなったし、”自閉症“がノイローゼを起こしても不思議じゃなくなった。

中略

「自閉症という日本語」で、子どもたちが見えなくなるということがなくなっていた。

「僕と自閉症」（片倉，1989）の一節です。

私は、たすくと二十数年の付き合いをしてきて、片倉さんのこの言葉の意味を、実感をともなって理解するまでにはずいぶんと長い年月がかかりました。

教師としての私が出会ったのは「自閉症」のたすくでした。「自閉症の」ととらえ、指導・支援することが特別支援教育に携わる教師の仕事だと思っていたのです。ですから、自閉症についてとにかくたくさん勉強をしました。自閉症対応、自閉症の指導・支援方法、自閉症の方の自伝など、自閉症についてとにかく知りたいと思っていました。それが目の前の子たちを助けられると信じて疑いませんでした。

勉強してはチャレンジすることをくり返しました。でも、どれもうまくいきませんでした。自閉症については少しだけくわしくなりましたが、たすくについてはくわしくなれませんでした。

私は目の前のたすくが見えていませんでした。

たすく自身のことを知りたい、と思ったときから見える景色が少しずつ変わりました。「自閉症」のたすくから「自閉症」を外したことで見えてくるものがありました。見える景色が変わったのです。好きなもの、得意なこと、嫌いなもの、苦手なこと、それらはどれも「自閉症」だからではなかったのです。たすく自身が好きであり、得意で、たすく自身が嫌いで苦手だったのです。

今もなお続く、たすくとの付き合いは、「私」と「たすく」なのです。「私」と「自閉症のたすく」では、もしかしたらここまで長い付き合いにはなっていなかったかもしれませんん。互いのことを知りたいと思い、互いの楽しいを認め、いつしか波長が合う人としてただ一緒にいるだけなのです。

これまでのたすくとそのご家族との付き合いを振り返る機会をいただき、この大切なことに改めて気づくことができました。

先日、ゆうみ夫妻がたすくと一緒にテーマパークで撮った一枚の写真が送られてきました。そこには同年代とともに余暇を満喫し、満面の笑みでいつものピースサインのたすくがいました。

実に自然で、心から楽しそうでした。このたすくを見たときに、私がずっと心に留めていた小1のときに伝えたピースサインは、彼の人生を少しだけ豊かにしたのかなと思えることができたのです。

本書では、私自身もこれまで深くお聞きすることができていなかった家族の思いを知ることができました。どんなときも笑顔を絶やすことがなかったお母さんのぶれないまっすぐな思い、医師してわが子に対し専門的な見方ができてしまうお父さんだからこその苦悩、双子として生まれ、きょうだいとして社会福祉の規範が内面に芽生え、悩みながらも行動に移してきた妹の思い。

どの思いもたすくにはしっかりと伝わり、たすくは受け止めていました。

みなさんはどう感じ、受け止められたでしょうか。

たすくとその家族の物語はみなさんの胸にどう伝わったでしょうか。

ご家族の数だけ大切な物語があります。

今まさしく目の前のわが子の子育てで悩まれているご家族が、ほんの少しでも先への希望を見出すことができていたのなら、私にとってこれほど嬉しいことはありません。

この度は貴重な機会をくださり、筆の遅い私を最後まで支え続けてくださった東洋館出版社の北山さんにはこの場をお借りし心より感謝申し上げます。

そして貴重なインタビューの数々をはじめ、全面的に最大限ご協力してくださったたすくのお父さん、お母さん、ゆうみに心から感謝申し上げます。本当にありがとうございました。

最後に。

いつも変わらぬ距離感で私と付き合ってくれているたすく。

変わらぬ笑顔と変わらぬピースサインに、私はいつも元気と勇気をもらっていることに気がつきました。

ご両親はあなたの名前「たすく」に「人を助ける存在」になってほしいと願いを込めました。あなたは私をいつも助けてくれるかけがえのない存在になっています。


心からありがとう。


あなたのこれまでとこれからの物語は、きっと私以外の多くの人をも助けることになるでしょう。

たすくと家族（ときどき私）の物語はここで終わりではありません。

これからも続くのです。

またどこかでこの物語の続きができる日が来ることを願っています。

最後までお付き合いくださりありがとうございました。

春を待つ　郡司竜平

## 引用・参考文献


アンディ・ボンディ/ロリ・フロスト著　園山繁樹/竹内康二訳（２００６）「自閉症児と絵カードでコミュニケーション　ＰＥＣＳとＡＡＣ」二瓶社

Ｅ・ショプラー/Ｇ・Ｂ・メジボブ編著、田川元康監訳（１９８７）「自閉症と家族」黎明書房

Ｅ・ショプラー編著、田川元康監訳、梅永雄二・新澤伸子・安倍陽子・中山清司訳（２００３）「自閉症への親の支援　ＴＥＡＣＣＨ入門」黎明書房

内山登紀夫著（２００６）「本当のＴＥＡＣＣＨ　自分が自分であるために」学研

片倉信夫著（１９８１）「自閉症とは－どうしてよいかわからない子どもの教育法－」教育出版

片倉信夫著（１９８９）「僕と自閉症」学苑社

片倉信夫著（１９９４）「僕が自閉語を話すわけ」学苑社

佐々木正美著（２００８）「自閉症児のためのＴＥＡＣＣＨハンドブック」学研

宍戸和成・古川勝也・徳永　豊監修、齊藤宇開・肥後祥治・徳永　豊編（２０２３）「自閉スペクトラム症教育の基本と実践」慶応義塾大学出版会

島田律子著（２００１）「私はもう逃げない　自閉症の弟から教えられたこと」講談社文庫

下山春彦他監修（２０２２）「障害者・障害児心理学（公認心理師スタンダードテキスト）」、ミネルヴァ書房、p.２２

ドナ・ウィリアムズ、河野万里子訳（１９９３）「自閉症だったわたしへ」新潮社

Drotar,D., Baskiewicz,A., Irvin,N., Kennell,J., & Klaus,M. 1975 The adaptation of par-ents to the birth of an' infant with a con-genital malformation :A hypothetical model. Pe-diatrics, 56（5）, pp.710-717.

中田洋二郎著（２００２）「子どもの障害をどう受容するか」大月書店

ニキ・リンコ著（２００８）「スルーできない脳　自閉は情報の便秘です」生活書院

服巻智子著（２００６）「自閉っ子、自立への道を探る」花風社

又村あおい著（２０１８）「あたらしいほうりつの本 ２０１８年改訂版」全国手をつなぐ育成会連合会

宮崎英憲監修、市川裕二・緒方直彦企画・編集、全国特別支援教育推進連盟編著「インクルーシブ教育システム時代の就学相談・転学相談　一人一人に応じた学びの実現を目指して」（２０２１）ジアース教育新社

ローナ・ウィング著、久保紘章・佐々木正美・清水康夫監訳（1998）「自閉症スペクトル　親と専門家のためのガイドブック」東京書籍
渡部　伸（2019）「障害のある子が将来にわたって受けられるサービスのすべて第2版」自由国民社
岡本百合・三宅典恵・永澤一恵（2017）「思春期青年期の自閉症スペクトラム」、心身医Vol・57No．1、44－50。
加藤香・井上雅彦（2015）「わが国におけるペアレント・メンター要請研修の現状と今後の課題」、自閉症スペクトラム研究12巻、2号、pp．63－67。
上手由香（2013）「思春期における発達障害への理解と支援」、安田女子大学紀要、41、93－101
佐々木正美（2010）「発達障害への理解と対応－思春期をより円滑に乗り越えるために－」、脳と発達42、179－183。
中田洋二郎（1995）「親の障害の認識と受容に関する考察－受容の段階説と慢性的悲哀」、早稲田心理学年報第27号、pp．83－92。
原口英之・小倉正義・加藤　香・竹澤大史・吉川　徹・安達　潤・井上雅彦（2020）「自治体におけるペアレントメンターの活動に関する全国調査」、発達障害研究第42巻第3号、pp．271－278。
厚生労働省「重症心身障害児等の家族支援」より
https://www.mhlw.go.jp/file/06-Seisakujouhou-12200000-Shakaiengokyokushougaihokenfukushibu/0000123642.pdf　（最終閲覧日 2025・2・10）
「北海道エアポート」webページより　カームダウンエリアの設置について
https://www.hokkaido-airports.com/ja/new-chitose/service/barrier-free/calmdownroom/（最終閲覧日2025・2・3）

著者プロフィール

## 郡司竜平（ぐんじ　りゅうへい）

名寄市立大学 准教授
1976年北海道旭川市生まれ。
小学校特別支援学級、通常学級を経て特別支援学校に赴任。その後現職。
著書に『特別支援教育ONEテーマブック　ICT活用新しいはじめの一歩』（学事出版、単著）、『発達が気になる子の教え方 THE BEST』（東洋館出版社、渡辺道治著、郡司竜平解説）、『[図解] AI時代の教師が知っておきたいIT・情報リテラシー　校務DXに必要な基礎知識』（インプレス、監修・共著）などがある。

- 郡司竜平「特別支援教育ONEテーマブック　ICT活用新しいはじめの一歩」学事出版,2019
- 郡司竜平・野口晃菜編著「オンラインとオフラインで考える特別支援教育」明治図書出版,2021
- 渡辺道治著（郡司竜平　解説）「発達が気になる子の教え方　THE BEST」東洋館出版社,2024
- 小林祐紀・郡司竜平・安井政樹監修・著「[図解] AI時代の教師が知っておきたいIT・情報リテラシー　校務DXに必要な基礎知識」インプレス,2024 他

# たすく
# 自閉スペクトラム症の子と家族の物語

2025（令和7）年4月17日　初版第1刷発行

著　者　郡司竜平
発行者　錦織圭之介
発行所　株式会社 東洋館出版社
〒101-0054　東京都千代田区神田錦町2-9-1
コンフォール安田ビル2階
代表　TEL：03-6778-4343　FAX：03-5281-8091
営業部　TEL：03-6778-7278　FAX：03-5281-8092
振替　00180-7-96823
URL　https://www.toyokan.co.jp

[装　丁] 木下悠
[装　画] 中田いくみ
[組　版] 株式会社 明昌堂
[印刷・製本] 株式会社 シナノ

ISBN978-4-491-05842-9　Printed in Japan